eビジネス新書

No.459

週刊東洋経済

シン
総合商社

新鉱脈を探せ!

三菱商事

MITSUI&CO.

ITOCHU

住友商事

Marubeni

週刊東洋経済eビジネス新書　No.459

シン・総合商社

本書は、東洋経済新報社刊『週刊東洋経済』2023年3月25日号より抜粋、加筆修正のうえ制作しています。情報は底本編集当時のものです。（標準読了時間　120分）

シン・総合商社　目次

〔プロローグ〕三菱商事・三井物産は純利益1兆円超え

空前の好決算下での「国内回帰」の深層

2023年1月12日。秋田市中心部のオフィスビルの一角に足を踏み入れると、何の変哲もない小さな鉄製のドアに「三菱商事洋上風力」と書かれた貼り紙が、セロハンテープで貼られていた。

急ごしらえの小部屋のようにも見えるこの事務所は、秋田県で洋上風力発電事業を進める総合商社大手・三菱商事の最前線基地である。2021年末、三菱商事は国の洋上風力発電入札の第1ラウンドで秋田、千葉の3海域を独占し、業界の注目の的となった。

たたずまいは地味だが、一歩入ると事務所は熱気で充満。企業連合を組む三菱商事と中部電力子会社の社員が、せわしなく行き交う。

「すべてがここから始まる。われわれとしても期待でわくわくしている」。三菱商事洋上風力の岩城陽太郎プロジェクトダイレクターは話す。

三菱商事は秋田市内に支店も構えた。1980年代には70近くあった国内拠点は再編を続け、現在7支社4支店に集約されている。22年11月に洋上風力事業の拠点として開設された秋田支店、そして同時期に出店した銚子支店（千葉県）は、三菱商事にとって35年ぶりの国内新規支店となる。

丸紅、三井物産も熱視線

国内に熱い視線を注ぐのは三菱商事だけではない。丸紅の柿木真澄社長は「国内は飽和している市場なのかと、もう一度よく見てみると意外とそうでもない。日本のビジネスは宝の山だ」と話す。

丸紅は20年4月に国内統括（国内市場担当役員）を置き、国内事業推進課を新設した。7人のメンバーが各営業部門の国内事業の調整役を担うほか、2〜3カ月に一度はチームミーティングを開いて新しい事業の立ち上げを議論する。女性の健康を支援するフェムテック（女性が抱える健康の課題をテクノロジーで解決するツール）を事業化したり、社員を地方銀行に派遣して地元産品の海外販売事業を支援したりするなどの取り組みを進める。

三井物産も2020年10月、関西支社に国内事業開発室を新設し、関西で空飛ぶクルマの空域管理、高速道路でのトラック自動運転のプロジェクトなどに携わる。「国内は産業構造が大きな変革期にある。ビジネスのアウトソース化がますます進んでいく」と、三井物産の堀健一社長はみる。

同社は23年2月、約700億円を投じて国内給食大手のエームサービスを完全子会社化することを発表した。そこから派生するオフィスの「空間づくり」事業なども次の中期経営計画の中で進める。

少子高齢化、過疎化、人手不足などの課題が山積する日本市場に、なぜいま商社が投資を振り向けているのか。その理由は、資源高騰の宴（うたげ）の先を各社がすでに見据え始めていることにある。

総合商社は目下、資源市況の高騰を追い風に空前の好決算を謳歌している。三菱商事は23年3月期の純利益が1兆1500億円となる見通しを発表した。従来計画では1兆0300億円になるとしていたが、製鉄用の原料炭価格などが想定より高く推移したことが効いた。

三井物産も鉄鉱石、LNG（液化天然ガス）市況が吹き上げ、2023年3月期は1兆0800億円の純利益を見込む。三菱商事、三井物産にとって過去最高純利益だが、商社全体を見ても純利益が1兆円の大台に乗るのは史上初だ。

5社の序列も変化している。三菱、三井の財閥系商社ほど資源ビジネスが強くない伊藤忠商事は、23年3月期の純利益計画について8000億円と従来の数字を据え置き、純利益ベースで3番手になる見込みだ。純利益、時価総額、株価で商社トップの「3冠」を達成した21年3月期に比べると雌伏の時期となっている。住友商事は5500億円、丸紅も5300億円といずれも最高純利益で後を追う。5社合計の純利益は約4・1兆円と、17年度の約1・9兆円から5年間で2倍以上に急拡大した。

ここ2年は三菱商事が首位 —5大総合商社の連結純利益推移—

	2017年度	18年度	19年度	20年度	21年度	22年度（予）
1位	三菱商事 5601億円	三菱商事 5907億円	三菱商事 5353億円	伊藤忠商事 4014億円	三菱商事 9375億円	三菱商事 1兆1500億円
2位	三井物産 4184億円	伊藤忠商事 5005億円	伊藤忠商事 5013億円	三井物産 3354億円	三井物産 9147億円	三井物産 1兆0800億円
3位	伊藤忠商事 4003億円	三井物産 4142億円	三井物産 3915億円	丸紅 2253億円	伊藤忠商事 8202億円	伊藤忠商事 8000億円
4位	住友商事 3085億円	住友商事 3205億円	住友商事 1713億円	三菱商事 1725億円	住友商事 4636億円	住友商事 5500億円
5位	丸紅 2112億円	丸紅 2308億円	丸紅 ▲1974億円	住友商事 ▲1530億円	丸紅 4243億円	丸紅 5300億円

（注）各3月期。2022年度は予想。▲はマイナス　（出所）各社資料を基に東洋経済作成

一方、課題となるのは次なる成長に向けた投資先だ。資源高で潤沢なキャッシュを得ているものの、各社とも大型投資ではなく、配当の上積みや自社株買いなどの株主還元へ振り向けている。野村証券の成田康浩アナリストは「(商社業界では)投資マネーはリスクが相対的に低く見えるところに向かいがちになっている」と指摘する。

現在、商社の悩みの種となっているのは海外の地政学リスクだ。

「あの案件だけは絶対に通せなかった」と、ある商社首脳が明かすのは台湾の洋上風力発電プロジェクト。10年代後半に権益出資の話が浮上し日本の大手電力会社などがこれに飛びついたが、この商社はトップ判断で参画を見送った。台湾海峡の地政学リスクを読み切れないと判断したためだ。

それから数年が経ち、米中対立の激化やロシアによるウクライナ侵攻などで海外の大型投資案件の事業リスクは確実に上昇している。

三井物産と三菱商事が出資するロシアのLNG開発プロジェクト「サハリン2」では、事実上の運営主体である英シェルが2022年2月のウクライナ侵攻後に撤退。プーチン大統領が署名した大統領令によりロシア法人に事業が移管され、事業をいつまで継続できるか依然不透明な状況にある。

ミャンマーの国営通信事業に参画する住友商事は、2021年のクーデターを受けて国軍の通信監視手段や資金源になっているとの批判にさらされた。丸紅が2013年に買収した米穀物大手のガビロンは、業績不振に加え米中貿易摩擦のあおりも受け、22年10月にカナダの企業へ売却された。

これまで商社が海外で収益を上げる「三種の神器」といえば、新興国、資源、インフラだった。が、資源事業は脱炭素の潮流にあらがえず、新興国で展開していた石炭火力発電や石炭権益は近年、相次ぎ撤退に追いやられた。安定的に稼げるインフラ事業も足元で円安やインフレが進行する中、商社は海外への投資を手控えている。一方、地政学や為替のリスクがない日本は「相対的に割安感もあり、消去法的に商社の投資資金が向かいやすい状況だ」(野村証券の成田氏)。

楽天への出資の噂も

国内投資に商機はあるのか。成田氏の分析で、各社の23年3月期純利益を「資源・

エネルギー（資源）」「外需関連（外需）」「内需関連（内需）」に分類している。単純に「内需＝国内事業」とはいえないが、おおよその傾向はつかめる。

【三菱商事】　資源：53％、外需：28％、内需：19％
【三井物産】　資源：68％、外需：22％、内需：10％
【伊藤忠商事】資源：43％、外需：21％、内需：36％
【住友商事】　資源：57％、外需：28％、内需：15％
【丸紅】　　　資源：44％、外需：37％、内需：19％

例えば、伊藤忠では機械や化学品、電力は「外需」に、繊維、食料、情報・金融部門などは「内需」に分類している。三菱商事では自動車、電力は「外需」、コンシューマー産業、複合都市開発、食品関連は「内需」とする。

国内事業で一歩先を行くのは、「内需」が36％と、ほか4社の10％台に比べて突出する伊藤忠だ。ファミリーマートを中心にマーケットインの発想で国内市場を深耕している。岡藤正広会長は「『灯台下暗し』ではないが、こんなビジネスチャンスがあったのか、と。日本のいいところは法制度がしっかりしているところで、ビジネスはやりやすい」と言う。

ここ数年、伊藤忠はアクティビスト（物言う株主）に狙われた西松建設や、日立製作所との親子上場の解消を目指してきた日立建機といった国内企業に対し相次ぎ出資・提携を行ってきた。伊藤忠はホワイトナイトのような形になったが、これはさらなる大きな魚を呼び込むためのまき餌との見方もある。業界関係者の間では「次はモバイル事業で窮地に陥っている楽天グループに伊藤忠が出資する」との観測まで飛び交う。

足元でこそ新規プロジェクトの立ち上げや既存投資先への追加出資などが目立つ国内事業。資源バブルの宴が終焉を迎えたとき、各社の序列を決定づけるのは国内投資の成否となるかもしれない。

日本のどこに可能性を見いだし、どんなビジネスを掘り起こそうとしているのか。商社の最前線を見ていこう。

（森　創一郎、秦　卓弥）

洋上風力で「街おこし」狙う三菱商事の思惑

洋上風力「3海域独占」の衝撃から1年余り。三菱商事は得意の電力事業を地域活性化と結び付け、日本の再生を図る壮大な絵図を描いている。

三菱商事などの企業体は2021年12月、国の洋上風力発電事業の公募で秋田、千葉の3海域を総取りした。入札で三菱商事などが示した売電価格は入札上限の29円／キロワット時を大きく下回る11・99〜16・49円。20円台で応札した企業連合が多い中、圧倒的な安値が独占の決め手となった。

三菱商事を中心とする企業体は現在、秋田や千葉・銚子市で環境影響調査や地盤、風況の調査を進めている。秋田や千葉の海上には作業船が行き交い、ボーリング調査のためのやぐらも立てられた。

この先、秋田や千葉で洋上風力発電事業が本格的に進められるが、地場産業の中では、とくに漁業者への悪影響が心配されている。建設時の騒音や稼働後の低周波が魚に及ぼす影響などが懸念される。

国は各地で洋上風力発電事業を実施するに当たって、事業者が出資して基金を設け、人工漁礁を整備したり、種苗を放流したりするなど漁業支援を行う仕組みを構築している。しかし、地元の漁業者の不安は完全には拭えない。

秋田では、ハタハタを中心に漁獲量が1970年代にピークを迎えたが、その後は減少の一途をたどっている。20年前は県内に9つあった漁業協同組合は今や半減し、漁師数も800人を切った。

「今後5年、10年先を考えれば秋田の漁業はどうなるのか。（風車建設による漁への影響という）不安はある」と、秋田県漁業協同組合の加賀谷弘組合長は話す。

秋田の漁業組合は2020年、国が県内の海域を洋上風力発電事業の促進地域に指定する直前に、その賛否を組合員である漁師に対して書面で確認した。ほとんどの漁師が「基金の活用で漁業が守られるなら」と、賛成したという。

ところが、三菱商事が公募で提示した圧倒的に安い売電価格はライバルの企業連合だけでなく、地元の漁業者にも大きな衝撃を与えた。事業者が資金を拠出する漁業支援のための基金は、20年間の見込み売電収入の0・5%と決められている。売電額が低くなれば、それだけ基金も減ることになる。

「漁業支援の基金を使って持続可能な漁業を目指したらどうかと、（漁師は）みんなそう考えている」と加賀谷組合長。それだけに「売電価格にはものすごいショックを受けた。想像をはるかに下回る額で、漁業支援はどうなるのかと不安が広がった。グループを挙げて漁業支援するという三菱商事を信じるしかない」（同）。

三菱商事は基金を使った支援とは別に、地域共生策を打ち出して漁業者や地元住民の要望に応えていく方針だ。

「われわれが事業をさせてもらう地域が一緒に育たないと、事業は成功といえない。地域貢献は入札の評価項目にもなっていて、われわれはそこでも高得点を獲得している」と、三菱商事洋上風力の田中俊一社長は強調する。

三菱商事は秋田や千葉の水産品を三菱商事の社食で使用したり、ECサイトで販売したりすることをはじめ、グループ企業であるローソンでの地元産品の販売、地元の海洋高校の施設を活用した風車のメンテナンス人材の育成などきめ細かい共生策を打ち出す。

地元産品販売から人材育成まで展開
―地域共生策の具体例（一部）―

	実施済み	実施予定	検討中
漁業支援	・社食で県産水産品提供 ・ECサイトに漁師直送 ・商事本社前で秋田物産展	・漁業影響調査 ・マヒマヒ・フグなど販売支援	・藻場再生実証 ・建設、操業期間中の地元宿泊など
地域産業、雇用振興	・ネギ農家へICT導入支援 ・ローソンで地元産品販売 ・日本酒セット販売	・オンデマンド交通導入支援 ・観光アプリ導入、廃校活用 ・稲作農家向けICT導入	・男鹿海洋高校施設活用の人材育成 ・地域電力会社設立 ・有機米栽培
住民生活支援	・国際教養大学へ寄付講座 ・地元イベントに協賛 ・災害時協力協定（三菱自動車）	・小中学生向けプログラミング教育支援 ・SDGs関連教育支援	・県内スポーツチーム支援 ・過疎地域買い物支援 ・市民ファンド形成

（出所）三菱商事資料を基に東洋経済作成

2部屋の戦略拠点

秋田や千葉で洋上風力発電事業を獲得したことは、三菱商事が地域振興ビジネスを本格化する大きな動機づけとなった。

三菱商事は地域振興の事業化を目指し、2024年度までの中期経営計画で「DX（デジタルトランスフォーメーション）・EX（エネルギートランスフォーメーション）一体推進による地域創生」を掲げ、全社的に取り組みを進めている。

三菱商事の秋田支店は市内の賃貸ビルにあり、執務室と会議室の2部屋のみ。真新しい机の置かれた会議室で、三上義弘支店長が出迎えてくれた。

小ぢんまりとしているものの、三菱商事が戦略的に地域振興ビジネスを進めるための橋頭堡だ。「地域の方々と対話を重ねて原因を探り、デジタル技術を使って解決への道筋を探る。三菱グループ内には、EC分野での数々の取り組みがあり、地元産品の輸出も手がけている。役立つことがあれば何でも取り組んでいく」と語る。

三菱商事は秋田で10年前から風力発電事業の可能性について、地場企業の関係者と協議を重ねてきた。秋田で風力発電の旗振り役になっているウェンティ・ジャパンの佐藤裕之社長が、その人だ。

ウェンティ・ジャパンは秋田・潟上市の県有地で22基の陸上風車を持つ「秋田潟上ウインドファーム」を運営している。2020年5月に開業した秋田潟上ウインドファームに三菱商事グループも出資し、秋田で風力発電の関連産業をつくり上げようと議論を重ねてきた。

「三菱商事には、『地方衰退の典型である秋田を復活させるお手伝いをしてくださるなら、ウインドファームに出資・参画してもらいたい』と申し上げた」（佐藤社長）

すでに地元ではGE製風車の部品製造、メンテナンス用の小型クレーンの開発に乗り出す企業も現れ、新しい産業がじわりと芽吹いている。秋田県は国の洋上風力発電事業による県内経済効果を3551億円、雇用効果を3万4952人と、そろばんをはじく。

三菱商事の中西勝也社長は、「少子高齢化や都市への人口集中などを要因に、地域の産業振興が進んでいない。三菱商事は地域で産業を興し雇用を生むことで日本を強くする」と力を込める。

しかし、地域経済の活性化は三菱商事の利益にすぐに結び付くわけではない。むしろ、各地で進む観光アプリや電気自動車（ＥＶ）のシェアリングなどの実証実験では、システム構築のコストが先行する側面がある。

純利益１兆円超をたたき出す王者・三菱商事は国内で新たな企業価値を模索し始めている。が、地域振興を稼げるビジネスへと進化させるためには、時間とコストを要することになりそうだ。


（森　創一郎）

洋上風力は本当に稼げるのか

「洋上風力できっちりと収益を上げていく」。三菱商事の中西勝也社長はそう言い切った。

三菱商事などの企業体は秋田、千葉の3海域の洋上風力発電事業を総取りした。「2023年半ばから詳細設計に入る。洋上風力を安いコストで仕上げ、競争力のある使いやすい電気をつくりたい」。事業を担う三菱商事洋上風力の田中俊一社長はそう語る。

2021年の入札で三菱商事が示した売電価格は、入札上限の29円／キロワット時を大きく下回る11・99～16・49円だった。「価格破壊」「赤字入札ではないか」。ライバル企業の関係者はそう揶揄する。だが、三菱商事の中西社長は「採算の取れる値段を算出し、この値段で選ばれるなら応札しようと打って出た。3海域が取れたのは結果にすぎない」と意に介さない。

安値のからくりは「企業秘密」として明かさないが、風車のメーカー選びや建設の工法、稼働率や風況をどうみるかといった、「（他社とは）一味も二味も違う」（中西社長）というノウハウを結集して、売電価格をはじき出した。

安値価格を打ち出せた要因としては、オランダの電力子会社「エネコ」の練度の高いノウハウを取り入れたことも大きい。2012年からエネコと協業を開始。20年3月にはエネコを約5000億円で買収し洋上風力に本腰を入れる。今では、海外で洋上風力7案件、海底送電事業13案件を手がける。

三菱商事は洋上風力事業の収益性に問題がないことを強調するものの、風況の問題から欧州に比べて風車の稼働率が低く、「日本の洋上風力事業は収益性に乏しい」（市場関係者）と指摘される。昨今の人件費高騰や資材高で収益性が悪化するとの見方も根強い。

2022年12月に公募が開始された秋田、新潟など4海域（第2ラウンド）をめぐって、「三菱商事は第2ラウンドから事実上撤退した」（商社関係者）といわれる。これに対し三菱商事洋上風力の田中社長は「コメントできない」とする。

電力容量はおおむね右肩上がり
―三菱商事の電力事業の持ち分容量と純利益推移―

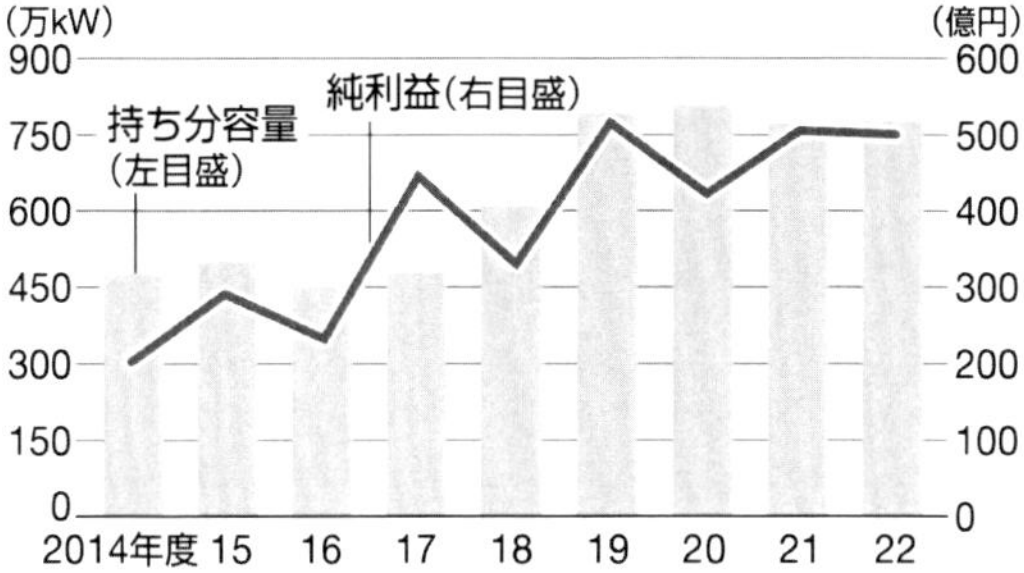

(注)2017年度までは地域環境・インフラ事業セグメント、18年度以降は電力ソリューショングループの実績、22年度純利益は見通し

丸紅などが建設した秋田港の洋上風力設備。国内初の商業運転だ

日本の洋上風力事業の先行きを占ううえで先駆的なプロジェクトが、丸紅などの手がける秋田・能代港、秋田港のプロジェクトだ。

能代港では2022年12月、秋田港では23年1月に風車が稼働した。20年間36円/キロワット時で売電する。「日本で洋上風力が拡大するかどうかは第1号案件がうまくいくかが重要になる」。現地でプロジェクトの実務を担う秋田洋上風力発電の岡垣啓司社長は力を込める。

巨額の資金を必要とする洋上風力事業は、事業費の7~8割を金融機関からの借り入れで賄う。洋上風力の商用運転で全国初となるこのプロジェクトでもし大事故が起きて借り入れ返済に支障が出ることになれば、後続案件への金融機関の態度が硬化しかねない。

そもそも、洋上風力事業はハイリスクでありながら、リターンが薄い。「洋上風力に限らず、公益事業は高い収益が出ない。計画どおりの運転保守費用に抑えながら安定的に運転することで、少しずつ収益を得ていく」(岡垣社長)。

商社関係者からも「脱炭素関連ビジネスは儲からない」との指摘がある。稼げる事業に育てられるか。

(森　創一郎)

三菱商事が高齢化地域でデジタル活用の訳

「市の人口は毎年約1000人ずつ減っている。地方の最大の課題は、人口減少に伴う地域経済の低迷だ。放置はできない」。熊本県八代市の村上理一政策審議監は言う。

八代市は熊本市に次ぐ県内第2の都市で、人口約12万人。トマトの生産量は日本一を誇る。同市は2021年に「スマートシティやつしろ」を掲げ、デジタルを活用した街づくりに取り組んでいる。

22年2月には、八代市は三菱商事と包括連携協定を結び、「デジタル技術の活用による地域コミュニティの活性化及び安全・安心なまちづくり」を新たに掲げた。

その連携協定の一環で導入されたのが、三菱商事がデジタルツールとして展開する

「デジタル回覧板」だ。町内会の回覧板をスマホのアプリにしたものだ。

安否確認にも活用

アプリに登録した住民には、各地区の区長（町内会長）や学校などからの連絡が一斉に配信される。区内の行事、老人会や子ども会、消防団の連絡などに使用されることが多い。住民がメッセージを読むと、そのメッセージファイルに「既読」がつくため、住民の安否確認のツールとしても使用できる。

２０２２年１１月から実証実験が始まり、市内６つの町内会や小中学校のＰＴＡ、消防団などが参加している。

「かつて、『生ゴミの収集車が明日突然来られなくなった』と役所から連絡があり、自治会の役員３人で急きょ地区内を全部回って、周知文を投函したこともある。デジタル回覧板が浸透すれば、こういった緊急時にも一瞬で全戸に周知できる」。八代市鏡町外出地区の岡田喜一区長はそう話す。

外出地区の人口は348人（23年2月1日時点）で65歳以上が130人を占める。14人がデジタル回覧板の実証実験に参加するが、そのうち70代の高齢者が5人おり、岡田区長がメッセージを発信しても4人が既読にならない。

それでも岡田区長は「高齢者には難しいことを理由に実証実験に参加しない地区もあるが、デジタル回覧板が普及すれば、デジタルに慣れている若者が地区の活動に参加してくれる機会が増えるかもしれない」と話す。

三菱商事は実証実験として無償でデジタル回覧板を提供しているが、将来、地元の商店などから広告を集めて運営費を賄うことも検討している。

地域活性化ツールとして期待されるデジタル回覧板。ただアプリ単独では八代市民約12万人が全員登録しても、「事業」と呼べる収益にはならない。産業DX部門地域コミュニティ共創チームの九鬼恵課長は「八代市でノウハウを蓄積して全国へ横展開することで収益化を図る」と話す。

八代市はスマートシティー構想を掲げるほか、22年には2050年までのCO2（二酸化炭素）排出実質ゼロを目指す「ゼロカーボンシティ宣言」をしている。三菱商事はここでも一役買おうとしている。八代市は23年度に温暖化対策実行計画をまとめる方針で、この計画づくりに三菱商事の社員も有識者の一員として参画することになる。

八代市はJR新八代駅周辺で新しい文化センターを中核に住宅建設や企業誘致を進める。こうした街づくりの中でも太陽光発電を軸に再生可能エネルギーの活用を促していく。三菱商事としてはさまざまな事業に関わることで、より大きなビジネスにつなげていく算段だ。

三菱商事は八代市だけでなく、岡山県倉敷市や栃木県那須塩原市などとも連携協定を結び、地域ポータルや観光アプリ、電気自動車（EV）シェアリングなどの実証実験を進めている。三菱商事はこういったノウハウも全国展開して収益を得ていく。

八代市と三菱商事の取り組みは、地方の過疎という日本全体の課題の解決、そして新しい総合商社像を描けるかという両面からの挑戦といえる。

（森　創一郎）

INTERVIEW

「洋上風力は稼げるビジネスだ」

三菱商事　社長・中西勝也

資源高を追い風に、三菱商事の今2023年3月期純利益は1兆円の大台を突破する見通しだ。キャッシュが積み上がる中、新鉱脈をどこに見いだすのか。中西勝也社長は「今後も稼ぐ力を磨いていく」と意気込む。

――今期純利益は初めて1兆円の大台を突破する見通しです。

資源高と円安が追い風となっている。ウクライナ問題などの地政学リスクに加え、（世界的に）金利も動きがあり、為替も振れ幅が短期の間に大きくなっている。こういった環境の中、自立的なグループ経営の強化を促す「循環型成長モデル」を通じて生産性・競争力をより高めて、きっちりとポートフォリオを意識しながら利益を出していくことを目指した。結果として、純利益が1兆円を超えるところまで来たのではないか。

2024年3月期については資源価格がどう動くか見えていないため、そういった動向を慎重に見極めつつ今後も稼ぐ力を磨いていく。

エネルギー変革を積極化

――次の投資領域はどこに重点を置きますか。

2025年3月期を最終年度とする中期経営戦略の期間中は投資計画の合計を3兆円とし、そのうち1・2兆円を再生可能エネルギーやグリーン水素、アンモニアなどのEX（エネルギートランスフォーメーション）への投資としている。

最近はウクライナ情勢などを踏まえ、一気に脱炭素社会への移行を目指すのではなく、まずはトランジション、いわゆる低炭素社会へ向かう段階がある、との見方が主流になりつつある。このトランジションを支えるものの1つが、二酸化炭素の排出量が比較的少ない天然ガスだ。

トランジションについては電化していくことも大事で、希少金属資源であるリチウム、それから電気の伝導率が高い銅の需要が高まってくるだろう。そして、次世代エネルギーの燃料として水素やアンモニアへの注目度も高まってくる。こういった領域に、1・2兆円を使うことにしている。

――EXの投資計画に対する現在の進捗率は？

2022年4～12月期の第3四半期時点では、1・2兆円計画に対する進捗は2000億円と発表している。ただ、すでにコミットしている（契約が決まっている）ものを含めると、6000億円ぐらいある。

（今後コミットを目指す）案件数が現時点で200程度あり、これらを順次こなしていく。200程度の案件には1番から200番まで順位をつけている。具体的にどの案件がどの順位かは申し上げられないが、この順位に応じて投資を実行していく。タイミング、意義づけ、収益の刈り取り時期などを総合して順位をつけている。

——ＥＸの中でも象徴的なビジネスが洋上風力発電事業ですが、この事業は「あまり儲かるものではない」ともいわれています。

収益は出る。その秘訣は企業秘密なので申し上げられない。

私は電力畑出身で、２００８年からずっと電力を見てきている。秋田県と千葉県の3海域についいては、「この値段で採算を取って、それで選ばれるのであれば出よう」との考えで応札した。それが結果的に3件取れたということ。

収益性については会社によって基準が異なり、入札の戦略の違いがある。大きな案件ではさまざまな要素が絡み合っている。タービンや風車をどこのメーカーから仕入れ、据え付け工事はどこの会社に発注し、どこの港を使うか、そして稼働率の想定など、会社によって十人十色、千差万別である。私たち（の洋上風力事業）は、（他社とは）一味も二味も違う。採算が取れないということはない。

「資本」で地域に貢献

――秋田・千葉の3海域の洋上風力事業については、「いずれ売却するのでは」との見方もあります。

電気事業は地元に根付いて、地元の信頼を得なければいけない。ファンドのような会社とは異なり、地元に入って地元の方の了解やサポートを得て、溶け込んで現地化する。すぐに売り払うつもりはなく、地元に何か貢献したい。「荒らしていった」とは言われたくない。

――洋上風力設備を設置する秋田と千葉に拠点を新設しました。

2022年11月には、35年ぶりに国内の支店を開設した。三菱商事として地域の発展に資する事業をつくれるかという側面で、両支店はその役割を担っている。

成長戦略としてEX戦略や未来創造・地域創生を掲げており、この未来創造・地域創生の橋頭堡となるのがこの2つの支店だ。

――未来創造・地域創生とは、具体的に？

日本の今の課題として少子高齢化、都市への人口集中・過疎化、労働力・人手不足があり、それぞれの地域で自治体が描いたような産業振興は進んでいない。三菱商事としては、その課題と向き合いながら、何を解決してその地域の発展に資するかを考えていきたい。そのために（企業）誘致も含めて産業をつくる、雇用を生むところまで展開していかなければならない。

成長性や成長率は、資本、労働力、生産性の3要素から成り立っている。労働力は簡単には増えないが、地域では最初の投資がなされないため、働く場所がなく、働き手が都心部に出ていくという問題が起きている。われわれは全産業を持っている（裾野の広い分野でビジネスを展開している）のだから、成長性に必要な3要素のうち、とくに資本のところについて貢献したい。

そうすることが、日本が今抱えている問題の解決につながるだろう。ひいては日本の「創生」になり、日本が強くなる。

―ロシアの石油・天然ガス開発事業「サハリン2」については、出資を継続します。

難しい問題だ。日本政府をはじめ関係者とはよく連携している。社内でもよく議論している。ポイントは「安定供給」と「企業としての責任」。安定供給の責任は一企業で決められる話ではない。

（聞き手・森　創一郎、梅咲恵司）

中西勝也（なかにし・かつや）
１９６０年生まれ。８５年東京大学教養学部卒業、三菱商事入社。２０１６年執行役員中東・中央アジア統括。１８年執行役員新エネルギー・電力事業本部長。２２年４月社長。２２年6月代表取締役社長（現職）。

三井物産　食・健康をつなぐ力

「この先、日本の産業構造が変化していく中で、給食事業のアウトソース化は増えていく。病院では患者の健康回復のための科学根拠を持った食事、企業では社員の健康のために給食への実需がますます伸びる」。三井物産の堀健一社長は強調する。

三井物産は2023年2月初旬、国内給食事業大手のエームサービスについて、米アラマーク社が持つ同社株の50%を取得して完全子会社化すると発表した。2024年3月期第1四半期冒頭の実行を予定し、取得額は約700億円に上る。

エームサービスは、社員食堂のアウトソーシングのビジネスモデルを日本に移入しようと、アラマーク社と折半出資して1976年に設立した会社だ。病院や学校、スポーツ施設など全国3900事業所で1日130万食を提供している。プロ野球広島東洋カープの本拠地・マツダ スタジアムでは売店、飲食店を運営し、ビールなどの売り子のマネジメントもエームサービスが手がける。

エームサービスが第1号案件として請け負ったのが、三井物産の社員食堂の運営だった。以降、現在も同食堂を運営している。

東京・大手町の三井物産本社7階の社員食堂には今、平日の昼時になると650人の社員が押し寄せる。エームサービスの山口竜輝ユニットマネジャーは、「メニューによってどれくらいの人が並ぶのかといったデータを活用し、調理も効率よく進めている。こういったノウハウの蓄積は他社に負けない」と話す。

企業給食のシェアで1位、病院給食では2位を誇るエームサービスの強みはまず、食事の品質だ。

三井物産の社員食堂では、生麺を使用したり圧力ガス釜で炊飯したりと、味の追求に余念がない。

エームサービスの完全子会社化で三井物産が狙うのは、社員食堂をはじめとする、社員のコミュニティーの場、企業の空間づくりを請け負っていくことだ。三井物産は

２０２１年からオフィス向け複合型サービス「Ｗｏｒｋ－Ｘプラス（Workplace Experience）」を展開している。オフィスの「働く場」としての課題解決に取り組むもので、コーヒースペースや社内コンビニの運営から施設管理、総務サポートまでありとあらゆるサービスを提案している。

ホスピタリティ事業部の太田俊也部長は、「エームサービスの完全子会社化で、商社の総合力を前面に出した提案が迅速にできるようになる」と言う。

病院経営でデータ活用

今後、エームサービスが手がける給食事業は、三井物産の食・健康分野であるウェルネス事業の中核のひとつとなる。

三井物産が２０年5月に公表した「中期経営計画２０２３」では、全体の4割だった非資源分野の純利益の比率を最終年度の２３年3月期に6割（２４００億円）に引き上げる目標を打ち立てた。ところが現在の見通しでは、資源市況が吹き上げて、全体の純利益を押し上げた結果、非資源分野の純利益額は目標をはるかに上回る一方、割合については35％程度に後退する。

非資源分野の拡充という側面で、ウェルネス事業は重要な意味を持つ。ウェルネス事業は22年3月期の純利益が294億円、商社が重視する「現金を稼ぐ力」＝基礎営業キャッシュフローも109億円と、全体から見ればまだ収益柱とは言いがたい。ただ、ウェルネス事業本部の阿久津剛本部長は「われわれの事業が来年、金属資源のような収益柱になるかと言われれば無理だ。しかし医療費のコントロール、健康の追求は世界中の課題であり、大きなマーケットだ」と話す。

ウェルネス事業の展開を強化していく際のキーワードは「相乗効果」だ。具体的に、三井物産が筆頭株主であるアジア最大級の民間病院グループIHH（三井物産が筆頭株主のマレーシア病院大手）を軸とする病院事業のケースを見てみよう。

マレーシアに本部を置くIHHはマレーシア、トルコ、シンガポールなど10カ国で約80の病院を経営し、総病床数は1万5000床超。三井物産は11年にIHHに出資参画し、2018年には追加投資で出資比率を約33％まで引き上げた。

足元の利益水準はまだもの足りない
—ウェルネス事業本部の純利益・基礎営業CFの推移—

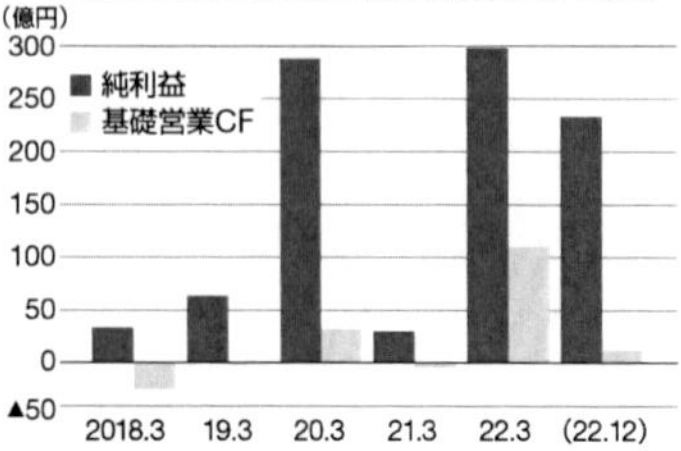

(注)2021年3月期まではヘルスケア・サービス事業本部。23年3月期は第3四半期実績。▲はマイナス
(出所)会社資料を基に東洋経済作成

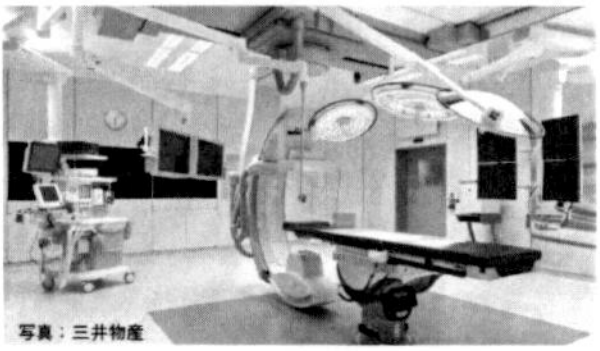

IHH傘下、シンガポールの病院の最先端手術室

持ち分利益は急拡大
—IHHの持ち分利益推移—

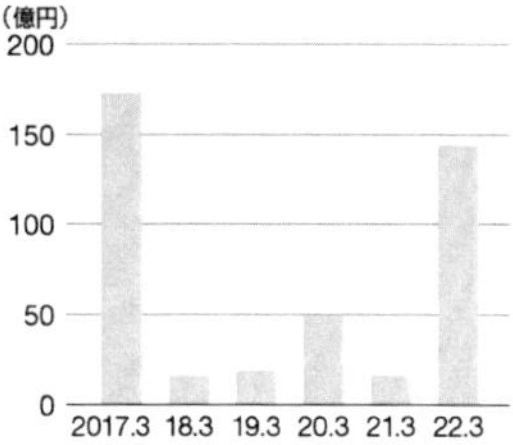

(注)2016年度は保有株を一部売却、21年度はコロナ特需などで上振れ
(出所)IR資料を基に東洋経済作成

「（追加出資後は）それまでの成長を追うことから、患者中心の（患者に寄り添った）医療を展開していく経営方針に大きく変化した」と阿久津本部長。

傘下の病院では、症例や過去の治療歴などから入院費用などをＡＩ（人工知能）で精緻に予測する「診療費予測システム」を導入。三井物産はＩＨＨが持つ患者データをベースに、投資先の企業が持つデジタル技術を組み合わせることで、患者・医療従事者へのサービス強化や、創薬、製薬分野へのビジネス拡張を行う戦略を描く。

例えば、ＩＨＨに蓄積された患者３０００万人分のビッグデータを基盤に、治療や投薬、使った診療費といったデータや治療後の患者のバイタルデータ（体温、脈拍、血圧などの生体情報）などを加えて、診療の効率化や創薬に活用することを模索する。バイタルデータの取得には、２０１８年に出資したインドの未病・予防医療プラットフォーム運営会社が開発したウェアラブル端末などを活用する。

診察の精度が上がれば医師の負担も軽くなり、診察のスピードが上がれば患者の診察待ち時間も短縮される。医療サービスの質向上が重視される海外では、日本では認められていない株式会社による病院経営が可能なほか、自由診療で診療価格も独自に設定できる。データの活用は病院の競争力を向上させる切り札になる。

こうしたノウハウは、日本の病院経営にも生かすことができる。「病院経営の本質は、日本も海外も同じ。医療現場を効率化して、患者によりよいサービスを提供する。IHHで身に付けたノウハウを日本でも発揮したい」(阿久津氏)とする。

ウェルネス事業は、2023年4月から始まる三井物産の次の中期経営計画でも柱の1つになる。堀社長は「人々のウェルビーイング(幸福)への根源的なニーズが失われることはない。ヘルスケアから未病・予防、ニュートリション(栄養)、食をウェルビーイングにつなぐ形でビジネスを進めていく」と力を込める。

グループ間の相乗効果をテコに食や健康分野の展開を加速する三井物産。もくろみどおりウェルネス事業を収益柱に育てられるか、勝負はこれからだ。


(森 創一郎)

INTERVIEW

「組み合わせ技」で領域拡大

三井物産 社長・堀 健一

5大商社の中でも、とりわけ資源に強い三井物産。2023年3月期も資源高を受けて、過去最高純利益を更新する勢いだ。ただ今後は資源価格の推移次第で業績が反落するリスクも抱える。市況に左右されない収益力の底上げに向け、堀健一社長は「部門間での連携が重要」と強調する。

――今期は好決算の見通しです。資源高が大きな要因ですか?

経営環境に追い風が吹いていることは確かだが、大事なのは継続性のある実力値がどれぐらい変わっているかということで、それをつねに見ている。例えば為替や商品市況が一定であると仮定した場合、ベースとなる稼ぐ力がこの中期経営計画の期間（21年3月期から23年3月期まで）において、前の3期間と比べ純利益で1000億円を超える底上げはできているな、と自己検証している。

今後も、扱っている産業ドメイン間の事業のバランスを取りながら、基礎収益力を上げていきたい。

――底上げを図るために今後、注力していく分野は何ですか。

最近はモビリティーなど機械・インフラ分野の実力値を上げていることが大きい。モビリティーでは米国からアジアに、商用車リース事業のメニュー提示が広がった。半導体不足で新車が品薄になっているときも十分な対応ができた。

現在のように世界の経営環境の不確実性が増してくると、化学品、素材、ニュートリション（栄養）、ウェルネス、食といった分野では、不測の事態に備えた形でのサプライチェーンの再構築を、お客さんから求められる。これを着実に実行できれば、利益の創出力の底上げにつながっていく。

当社の場合、事業本部が16ある。それぞれの本部長は非常によく連携している。ユニット間でコラボレーションをしてお客さんに解を出す流れが、われわれの日常になっている。商社として、いわば「組み合わせの技」で意味のあるソリューションを出せる。それぞれのユニットの責任も明確に決めて動く。これは大きな変化だ。

――エネルギー事業もいっそう重要度が増しています。

2024年3月期に始まる次の中期経営計画では、エネルギートランジション（エネルギー移行）が柱の1つになる。低炭素化社会に向けてエネルギー、基幹素材の安定供給を果たしながら、ローカーボンの産業構造を実現していく。

国内の再エネも重点分野だと思っている。海外で培ってきたノウハウがあり、パートナーもいる。そこをうまく組み合わせて、収益事業へと育成していきたい。

再エネはクリーンな水素、アンモニア、水力、風力、太陽光といったすべての領域でビジネスを展開している。付随する産業もそうとうある。われわれはインドでバッテリーの仕組みを上手に使い、24時間（電力）対応をできるようにしている。こういった周辺事業も含めて収益を上げていく。

各国で低炭素化への動き方は違うので、そういう状況を見極めながら展開していきたい。その意味では、「相乗効果」が当社におけるビジネス上のキーワードといえる。具体的には、クリーンなアンモニアは、エネルギー部門と化学品部門が一体とならないとできない。そこに船舶部門も加わってくる。当社はそういった領域に強みを持つ。こうした協業を積み重ねていくと、将来の利益獲得の基盤ができていくことになる。

――20年に国内事業開発室などを立ち上げ、国内も重視しています。

日本は産業構造が大きな変革期にある。広義の「ビジネスのアウトソース化」が進んでいくと思う。

コンタクトセンター（コールセンター）の事業強化を狙った、持ち分法適用会社のりらいあコミュニケーションズとKDDI完全子会社との経営統合（23年7月ごろを予定）も、広義のビジネスのアウトソース化に対応した動きだ。国内にはそういう（ビジネス）チャンスがたくさんある。

――2月には、給食事業大手のエームサービスの株式50%を追加取得し、完全子会社化することを発表しました（24年3月期第1四半期冒頭の実行を予定）。

給食事業のアウトソース化も増えていくだろう。ここで大きな貢献をしたい。われわれのパートナーである米アラマーク社の持ち分を譲渡してもらう。

ウェルビーイング（幸福）という側面でも、企業向けの給食サービス事業が（市場シェアで）いちばん大きい。次が病院向け。健康を回復するために大事な領域だ。科学的なエビデンスを持って、しっかりと対応していく必要がある。

病院事業でも相乗効果

――病院事業などを展開するウェルネス事業は今後もIHHが核となりますか。

ウェルネス事業本部とIHHはウェルネスサービスの面で融合している。さらに事業の領域を広げたい。創薬の支援もウェルネス事業本部が手がける。創薬の現場は病院だ（病院事業との相乗効果を見込める）。（病院事業で集積した）データは製薬や保険事業などにも生きてくると思う。

――ウェルネス事業は成長しているとはいえ、22年3月期の純利益は294億円とまだ物足りない。

事業として大きな柱に育てて、会社の屋台骨となるようにしていく。今でもポテンシャルは高いが、今度は財務的成果も出していく。

――ロシア極東のLNGプラント「サハリン2」への出資を継続します。同じくロシアの「アークティック2」についても、三井物産の出方がたいへん注目されています。

当社が、ロシアに対する各国の制裁措置を重視する姿勢であることは間違いない。そのうえで、ロシアの天然ガスは日本のエネルギーの調達ソースとして重要であり、これが欠けると大きな問題になる。

政府やさまざまな産業の企業が連携して実現しているプロジェクトだ。そういった方々と打ち合わせしながら、今後も安定供給を果たしていきたい。

（聞き手・森　創一郎、梅咲恵司）

堀　健一（ほり・けんいち）

1962年神奈川県生まれ。84年慶応大学経済学部卒業、三井物産入社。商品市場部長や経営企画部長などを経て、2014年に執行役員、16年にニュートリション・アグリカルチャー本部長。21年4月から現職。

伊藤忠　コンサルの心眼

5大総合商社の一角、伊藤忠商事がコンサルティング業界の王者・アクセンチュアに対抗意識を燃やしている。

伊藤忠商事と伊藤忠テクノソリューションズ（CTC）は2022年10月、世界最大手の広告代理店である英WPP傘下の米AKQAと合弁会社「AKQA UKA（エイケイキューエイ ウカ）」を立ち上げた。

AKQA UKAは国内企業向けに「顧客体験（CX）デザイン」のコンサルを行う。伊藤忠やAKQAからの出向者と、新たに採用した営業人材やデザイナーら総勢30人体制になる。スマートフォンなどを通じたクライアント企業と顧客のデジタル接点のデザインだけでなく、顧客とのコミュニケーションのあり方、ブランド戦略、ビジネスモデルまで含めた全体のデザインを描く。

「スマホでも車でも、顧客にとって大事なのは仕様よりもビジュアル、使い勝手、アフターサービス。マーケットインの思考で顧客の声に耳を澄ませ、一連の顧客体験をデザインしていく」。伊藤忠の情報産業ビジネス部からＡＫＱＡ　ＵＫＡに社長として出向している土川哲平氏はそう話す。

ＡＫＱＡは米通信大手のベライゾン・コミュニケーションズや米航空会社のデルタ航空などを顧客に持つ。米スポーツ用品大手のナイキでは店舗とアプリ、カスタマーセンターでそれぞれ別々に行っていた顧客とのコミュニケーションを見直し、統合的に行うようにしたことで直販の売り上げを伸ばした。

伊藤忠はＡＫＱＡと２０２０年3月に業務提携し、プロジェクトを進めてきた。伊藤忠グループ会社のコールセンター大手・ベルシステム２４では、ＡＫＱＡのコンサルを受けながらロゴデザインを変更し、従業員の意識改革に結び付けた。チャットツールなどを導入し、従業員同士の会話も活発になった。新ＡＩ（人工知能）システムを活用した成功事例の社内共有も進んだ。

整った反撃態勢

こうしたCXやマーケティングの領域には電通、博報堂といった大手広告代理店がひしめく。が、伊藤忠がライバル視するのはむしろ、川上（戦略策定）から川下（システム開発、運用、業務受託）まで自前でそろえるアクセンチュアだ。

「彼らは戦略コンサルの最上流から入ってくるので、気づいたときには案件を取られてしまっていた。上流でアクセンチュアに押さえられてしまい、（川中、川下の）CTCやベルシステム24が受注で負けてしまうケースが多発した」。伊藤忠の情報・通信部門の堀内真人部門長代行は振り返る。

こうした危機感から2020年にはデータ分析のブレインパッドに3％出資、21年には三菱商事が手放した総合コンサル大手のシグマクシスに約9％出資して川上を補完。川中、川下にはCTC、ベルシステムを中核とするデジタル企業群を持ち、AKQA UKAの立ち上げで不足していたCX領域が補完され、川上から川下までのピースがそろった。

出資先と緩やかな連合を形成

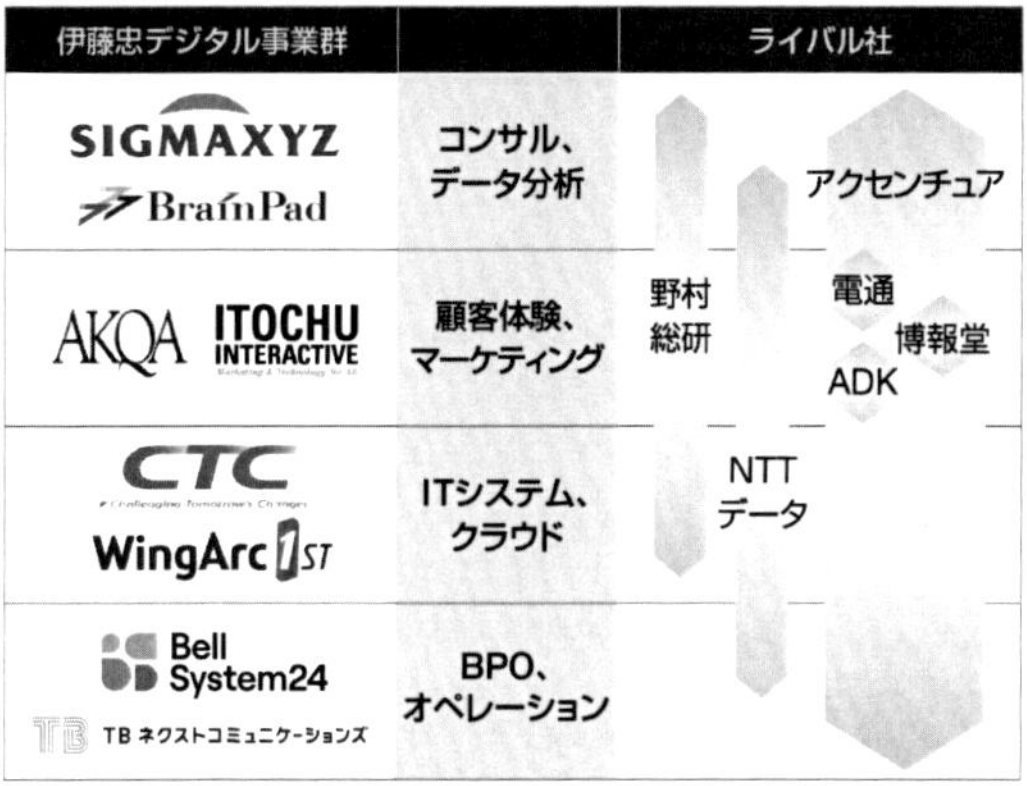

情報部門は収益柱に
—情報・金融カンパニー純利益推移—

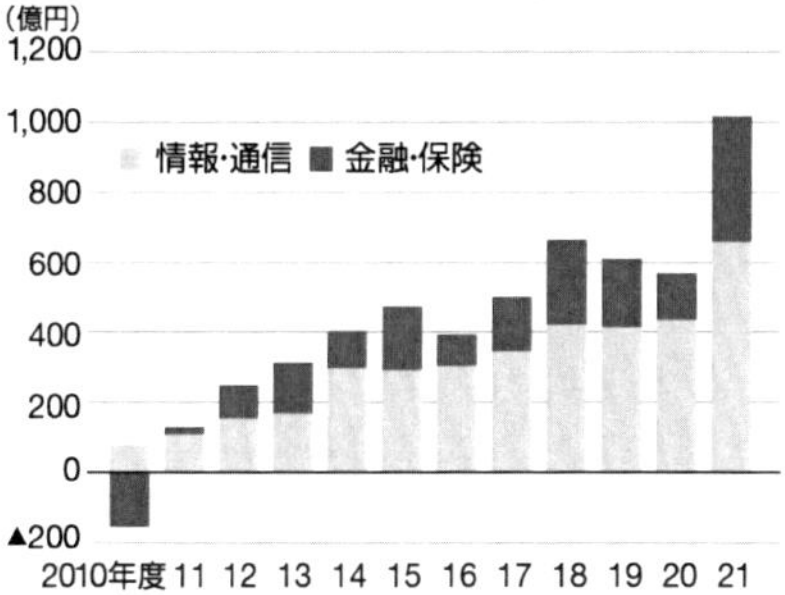

(注)▲はマイナス
(出所)伊藤忠商事の決算資料を基に東洋経済作成

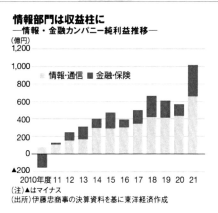

伊藤忠のコンサル部隊の強みは、商社随一の生活・消費部門の事業群、取引先を抱えていることだ。こうした顧客を抱えているメリットを生かし、「今までの既存商流をデジタルで効率化していくよりも、新しい事業をインキュベーションしていく方向に軸足を移していきたい」（堀内氏）とする。

伊藤忠の食料カンパニーとデジタル企業群が連携して2021年に開発したシステム「フーデータ（FOODATA）」はその典型だ。食品の味や栄養素などのデータと、消費者調査やSNS分析などに基づく消費行動、属性のデータとを掛け合わせ、開発担当者らの経験に頼りがちな食品開発をデータに基づいて進められるようになる。フーデータを導入した伊藤園は早速、このシステムを活用して「抹茶ラテ」の新商品を開発している。

今から1年前、岡藤正広会長はコンサル領域を含む情報・金融カンパニーを「ファミリーマートに次ぐ第2の成長の柱」と位置づけた。堀内氏は「現場の事業部隊と一体となってビジネスを進める総合商社の情報部隊として、クライアントの売り上げ向上にもきっちりコミットしていく」と強調する。

伊藤忠が持つ膨大な情報とデジタル企業群の相乗効果で、新たなビジネス領域を開拓できるか。マーケットインの真価が問われる。

（森　創一郎）

苦節26年、蓄電池ビジネスの新境地

「自動車と電力は100年に1度の変革期を迎えている。そのキーデバイス（要の部品）が電池だ。われわれはここに25年以上前から手をつけていた」。伊藤忠商事次世代エネルギービジネス部の村瀬博章部長は語る。

伊藤忠が米国でリチウムイオン電池製造設備の販売に乗り出したのは1997年のこと。2003年には米国の蓄電池メーカーに出資し、リチウムイオン電池を販売してきたが、このメーカーが連邦破産法11条の適用を申請するなど蓄電池ビジネスは苦難の連続だった。

転機となったのは2017年の家庭用蓄電池「Smart Star L」の発売だ。容量が9.8キロワット時と従来品の4割増となり、小型化にも成功。この家庭用蓄電池が発売

初年度に国内で2000台を売るヒット商品となった。

2019年には遠隔制御システム「グリッドシェア」を搭載した新商品を販売。現在、この蓄電池3・5万台がネットワークでつながり、電力需給バランスに合わせて充放電する実証に取り組む。当面の販売目標とする約6万台がネットワークでつながれば、大規模な調整電源になる。

「分散電源の時代が来ると見通して、マーケットの声を聴き、求められる製品を具現化してきた」と村瀬部長。今は新品の蓄電池の供給不足を見越して、車載電池のリユースの取り組みも進める。蓄電池の原料調達からリサイクルまで手がける総合商社はほかには見当たらない。蓄電池ビジネスは伊藤忠の独壇場となる可能性がある。

（森　創一郎）

「足元を固めないとチャンスを逃す」

伊藤忠商事 会長ＣＥＯ・岡藤正広

空前の好業績に沸く総合商社。だが、ひとたび経営環境に目を向けると、カントリーリスクなどの脅威が押し迫っている。

２０１０年の社長就任以降、長年にわたり経営トップとして総合商社を見てきた重鎮、伊藤忠商事の岡藤正広会長ＣＥＯ（最高経営責任者）は、いまの事業環境をどう見ているのか。

――世界展開する総合商社はカントリーリスクが高まっています。

商社である限り、ビジネスにおける国内と海外の比重のかけ方は、その都度変えていかないとあかん。（カントリーリスクが高まったとはいえ）完全に海外を無視して国内だけでビジネスを展開するというわけにはいかない。多少リスクがあっても、海外でもビジネスをしていかなければならない。

ビジネス展開しているその国の具合がおかしければ、それを早く察知し、早く対応することが大事。ビジネスに着手する最初の段階で、被害を最小限に抑える契約を結ぶとか、仕組みを整備するとか、対策を講じておくことが大事だ。

――日本に目を向けると、22年は急激な円安に見舞われました。

日本の2022年の貿易収支は過去最大の約20兆円の赤字で、その前年はおおよそ2兆円の赤字だった。今後の貿易赤字への対策としては、急激な円安に歯止めをかけることが1つ。2つ目は、輸出を増やしていくことだ。

日本は技術については一流だが、商売が二流。優秀な知恵を原材料（の開発）に投入しており、繊維の領域でいうと、原料である糸、生地（の開発）には高度な技術を投入している。そういった事情もあり、完成品は海外のものが多い。

輸出するなら素材ではなくて完成品で輸出すれば、売り上げは5倍にも、10倍にもなる。この日本の構造的な問題を早く解決しないと、永久に「縁の下の力持ち」や。

金利政策の丁寧な説明を

――日本の金利政策についてはどう見ていますか？

会社の経営においては、金利の先行きを見通せたほうがいい。長い間、低金利が続いていたので、（この先の）金利上昇のショックは想像以上に大きくなるだろう。ある程度は政府のメッセージとして、「どうなれば金利を上げるのか」といった一般的な考え方を説明しておいてほしい。政府には金利上昇の可能性について丁寧に伝えてもらい、市場との対話にも力を入れてもらいたい。

――今後の投資先として、日本市場に可能性を見ていますか。

灯台もと暗しではないが、足元を全然見なかったら、こんなもんがあったのか、ということが起こる（ビジネスチャンスを逃す）。

日本のいいところは法制度がしっかりしているところ。日本のほうが、ビジネスがしやすいですわ。

――4月に岡藤会長の直轄組織「グループCEOオフィス」を新設し、その管下にファミリーマートなどを所管する第8カンパニーを配置します。

新組織では会長である僕がすべての責任を持つ。大事な場面では直接指示をする。そういう組織をつくることで事業会社（連結子会社）とかっちりとコミュニケーションを取る。

第8カンパニーは、ファミリーマートと他の事業会社の間の調整役を担う会社や。ただ、事業会社のトップは力を持っている。そのため、僕と石井敬太社長が事業会社に対して、直接ものを言っていく。僕と石井社長が（経営判断に対して）即断即決できる。このほうが早いわな。時間などのロスが減る。

――商社に学生から人気があるのは働き方改革が支持されている?

伊藤忠は働き方改革を実施した。とくに、10年ほど前に「朝型勤務」を導入したのがいちばん効果的だった。朝早く来て仕事をすれば、その分の「残業代」を出しましょう、食事も出しましょう、と対応した。

この施策の効果で、伊藤忠は社員の出生率も上がっていった。12年から21年の9年の間に、出生率が0・6から1・97になった(49歳までの女性社員が対象)。その間の業績はどうなったか。およそ10年間で、利益は5倍、株価は5倍、時価総額も5倍や。しかもメンタルの問題を抱える社員の比率も3割減った。好業績が伴っていると、いいように回転する。

――岡藤会長も永遠に会長を務めるわけにはいきません。

「『今日(会長を)辞めようかな』と思って、毎日出社している」と、周囲に語っていたときがある。そのとき、ある方から「(そういうことを言うのは)そこでやめときや」とアドバイスを受けた。「後継者とか言い出したら、社員もざわつく。そんなん、

（体調が）しんどいなあ、いうときに考えたらええ。辞任して会社の勢いが落ちたら取り返しがつかん。業績の勢いがいっぺん落ちたら、なかなか上げられへん」と、その方はおっしゃった。

人間には衰えがある。そのときに、次の人材が出てきたら自然に交代していく。自分自身も限界やなと思ったら、周りの人にも聞くわな。「そろそろタイミングやな」となるときが来るやろう。

（聞き手・森　創一郎、梅咲恵司）

岡藤正広（おかふじ・まさひろ）

1949年大阪生まれ。74年東京大学経済学部卒業、伊藤忠商事入社。一貫して繊維の営業畑を歩む。2004年常務取締役・繊維カンパニープレジデント。10年社長。18年から現職。

ソフト力で物流施設を磨く住友商事の深謀遠慮

量子力学の現象を利用した次世代技術も取り入れ、祖業の不動産事業に新たな風を吹き込もうとしているのが住友商事だ。

「DX(デジタルトランスフォーメーション)の提案力、ソフト力は大手デベロッパーを含め競合他社とかなり差別化できている」。住友商事の物流施設事業部、小山築氏は胸を張る。

住友商事は、1919年に設立され大阪北港地帯の造成と隣接地域の開発を行った大阪北港株式会社がルーツ。その後も東京・中央区の晴海トリトンスクエア(2001年竣工)、同区のGINZA SIX(17年開業)といった大型複合施設の開発にも参画した。

物流施設も首都圏、関西圏で25の施設を開発・計画している。16年からは自然環境、労働環境に配慮したマルチテナント型の「SOSiLA（ソシラ）」シリーズを展開。22年8月に竣工した「SOSiLA中央林間」（神奈川県大和市）もその1つだ。

SOSiLA中央林間は住友金属鉱山の子会社だった太平金属工業の工場跡地に建設した大型物流施設で、延べ床面積約11万2000平方メートルを誇る。

この物流施設には住友商事の「ソフト力」を集結させている。住友商事が開発した、物流現場の人員最適化を支援するソフト「スマイルボードコネクト」を一定期間無料で使用できるサービスがつき、勤務シフトの自動作成機能もオプションで付加できる。

スマイルボードは従業員の作業の進捗をデータで可視化し、管理者がエクセルやホワイトボードで管理していた作業計画と実績の差をスマートフォンやタブレットでリアルタイムに把握できる。オプションをつければ作業員個人のスキルデータを基に勤務シフト、作業計画も自動作成できる。

住友グループの情報力で用地確保も優位に立つ(SOSiLA中央林間)

総資産・純利益ともおおむね右肩上がり
—住友商事不動産総資産・事業純利益の推移—

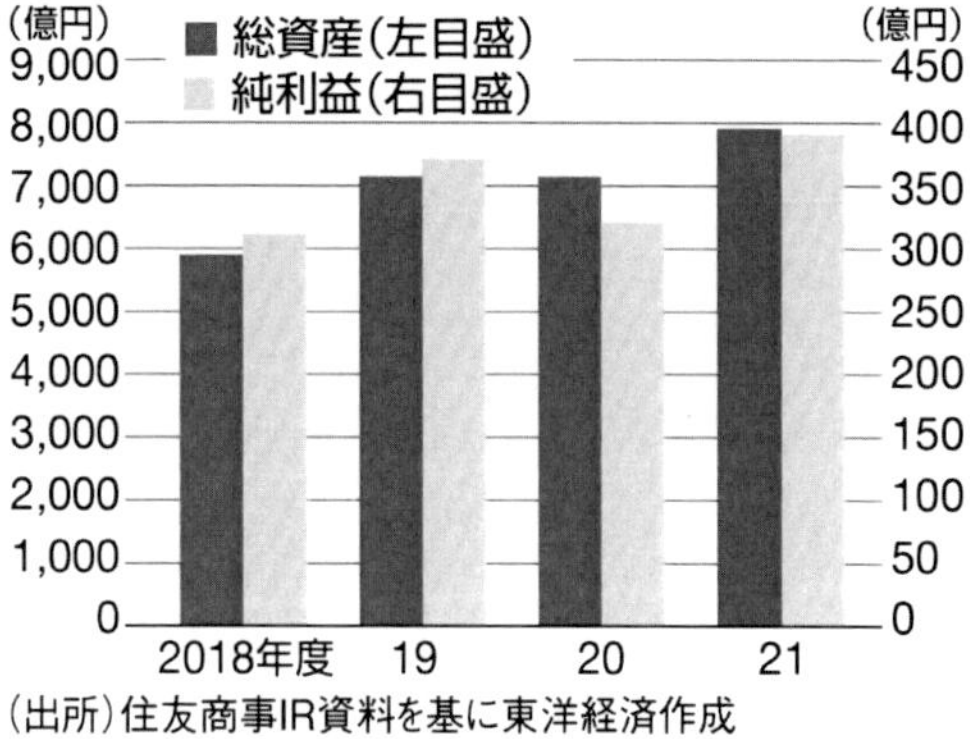

(出所)住友商事IR資料を基に東洋経済作成

超高速で解答を出す

このオプション機能の頭脳となるのが量子コンピューターだ。量子コンピューターは、パズルを一瞬で解くように組み合わせの最適解を出したり、計算の手数を減らしたりして超高速で解答を出す。

住友商事などが2020年6月に実施した物流施設における人員最適配置の実証実験では、100人程度の配置に、人が3時間かけていた作業が量子コンピューターを使用すると1分で済んだ。全体の作業効率も30%向上した。

「数百人、数千人規模になると計算時間は指数関数的に大きくなってくる」。住友商事の新事業投資部、寺部雅能テクノロジーディレクターは話す。寺部氏は東北大学量子コンピューティング共同研究講座で客員准教授も務めるエキスパートだ。住友商事は寺部氏の下で量子コンピューターを活用した新事業を創造するべく、2020年秋に「QX(クオンタム トランスフォーメーション)プロジェクト」を始動した。

将来、空飛ぶクルマが何万台も飛び交う空で、安全で効率的な飛行ルートをどう設定するか、金融先物取引の価格予測の精度を上げるにはどうすればよいか、20年後のスマートシティーをどうつくり上げていくか。住友商事はこうした未来の課題に向き合う一方、物流施設の人員最適配置など現実的な課題解決にも取り組む。

住友商事は倉庫作業のロボット化にも力を注いでいる。

倉庫作業のロボット化は、2012年に米アマゾンが物流システムベンチャーのキバ・システムズを買収して自走ロボットを導入したことから、米国で一気に広まった。その米国で住友商事などが設立したコーポレートベンチャーキャピタル（CVC）の出資を受けて2017年に立ち上げられたのが、米カリフォルニア州のロボットソフトウェアベンチャー「デクステリティ（Dexterity）」だ。

住友商事はデクステリティの総代理店となり、同社のソフトウェアや荷物をつかむ装置の国内販売を22年9月から始めている。「器用さ」（dexterity）との言葉が社名になっているだけあって、同社のソフトウェアで動くロボットは衣類やパンに至るまであらゆる商品を人間の手のような器用さでつかみ、移動させることができる。カメラが荷物の状態を認識し、ロボットが荷物をつかむ向きや力加減を判断する。

デクステリティのサミール・メノンCEO（最高経営責任者）は、「米国の物流施設ではノウハウを持った作業員の高齢化が進み、若い人は重労働を避ける傾向にある。人手不足が深刻で、器用な作業ができるロボットへの需要は爆発的に伸びている。日本も大局的には同じ状況にあるとみている」と話す。

総代理店の住友商事は大手物流企業を中心に、「3年ほどで1500台のデクステリティのロボット導入を目指す」（ビヨンド・モビリティ事業部の宮崎良人部長）としている。

住友商事の不動産事業の純利益は2022年3月期に390億円と、輸送機・建機に次ぐ非資源分野の牽引役だ。物流施設はすでに供給過剰感も出ているが、顧客に寄り添ったソフトで新たな境地を開けるか、構想力が問われることになる。


（森　創一郎）

「量子コンピューターの可能性は無限」

住友商事デジタル事業本部　新事業投資部
テクノロジーディレクター・寺部雅能

前職の自動車業界は、他社より1％性能がいいといった技術で勝負する世界だった。その中で量子コンピューターの可能性を知り、新しい事業、産業をつくれるのではないかと思い、住友商事に転職した。日本がさんざん経験したように、技術で勝って産業で負けることが量子コンピューターで起きてはならない。Ｈｏｗ＝技術ではなくＷｈａｔ＝産業をつくっていくのに総合商社は向いている。

今は「宝探し」の状態

量子コンピューターはいろんな産業の姿を変えていくと思うが、何をどう変えていくかは明らかになっていない。宝探しの状態だ。空飛ぶクルマのように、まだ1台も飛んでいない世界で数万台飛んでいる未来を想像し、そこからバックキャスト（未来起点の思考）の取り組みで将来をつくっていく。今ある課題を見つけて解決するというより、未来の課題をつくっていく。

量子コンピューターならではのアプリケーションでものすごくスケールの大きなものができる時代になる。われわれはそういったものをつくり出していきたい。そこでは総合商社が持つドメイン（事業領域）の知識が生きてくる。

収益化については侃々諤々（かんかんがくがく）の議論をしている。DXの世界で今の事業領域の延長線上で業務効率の改善などにも取り組んでいる。物流施設のように現実に即した取り組みもしているのがわれわれの強み。5年ほどで利益を出し、10年くらいで大きな事業にしていきたい。

（構成・森　創一郎）

寺部雅能（てらべ・まさよし）

1983年生まれ。2007年名古屋大学大学院工学研究科修了、デンソー入社。20年住友商事入社、現職に至る。

「量子コンピューターでゲームチェンジを起こす」

住友商事　社長・兵頭誠之

ケーブルテレビなどのメディア・デジタル事業や油井管（ゆせいかん）を軸とする鋼管事業に強みを持つ住友商事。各事業部門で収益に偏りがないバランスのよい経営を継続してきたが、この先の産業構造の変化をどう予測し、どうビジネスに結び付けていくのか。2023年度、社長になって6年目を迎える兵頭誠之社長に聞いた。

―2023年3月期決算は過去最高純利益を更新する見込みです。

鉱物資源だけではなくて、エネルギー価格もウクライナ問題を起点に大きな変動が起きている。こういったマーケットの動きについては、影響としては全体的にプラス面が大きいが、（国内電力や海外通信など）マイナスを受けている事業もある。

今期のような外部要因が発生したときも、企業を成長させるために、グループ全体で構造改革に取り組んできた。それが成果（好決算）につながっていると考える。

――この先も、得意のメディア・デジタル事業を強化しますか？

メディア・デジタル事業では、国内においてはジェイコム事業（ケーブルテレビ事業）が重要な社会インフラになっているので、これには重点的に取り組んでいく。加えて営業領域の多面化として、ジェイコムの会員に電気やガスを供給する展開も積極化する。

海外においては、エチオピアの首都アディスアベバなど同国の11都市で、英ボーダフォングループと合弁で携帯通信サービスを始めた。このサービスは2022年10月にスタートして、その後順調にお客さんの数が増えている。今は200万人を超えた。

さらに、アフリカ大陸ではボーダフォンや、アフリカで事業を展開しているスタートアップと連携しながら、携帯通信に連動するサービスの事業領域の拡大を図ろうとしている。

携帯とアプリのサービス事業を活用することで、例えばアフリカ大陸における農産業を支援し、食料を確保していくサービス事業も考えていく。

——資源分野は縮小する領域と注力する領域を明確にしています。

鉱物資源に関してはニッケルと銅、アルミの3分野に展開を絞っている。あとはリチウムもあるが、マーケットがかなり高騰しているので、高値づかみをしないように気をつけながら事業機会を探るスタンスだ。

アフリカのマダガスカルで手がけるニッケル鉱山開発事業のアンバトビー（過去に巨額損失を複数計上）は、工事に着手してから15年以上が経っている。現場での保守を行い、安定操業できる体制づくりを進めているところだ。

――住友グループの事業精神には「企画の遠大性」があります。力を入れてきた量子コンピューター分野は長期的な取り組みが多いですが、現状は？

最近、ドローンを使った宅配サービスの実験を始めた。ドローン配送を完全に自動化しようとすると、動いているドローン同士がぶつかってはいけないので、管制能力を持ったドローンが飛ばなければいけない。そのためには危険回避のソフトと計算力を持った量子コンピューターが備わっていないといけない。それを見越して、運送業界やドローン技術を持った会社の方々と共同作業をしている。

――総合商社の中で「純利益4番手」が定着しています。今後、ビジネスの特徴をどう出しますか？

特徴を出すのが（経営の）目的ではないが、エッジの利いたところに経営資源を投入していく。脱炭素化の活動でいうと、CO2（二酸化炭素）の排出を抑える事業と、回収する事業の両面がある。

長期トレンドで考えた場合、例えば当社には油井管のビジネスがあるが、これは現在、石油や天然ガスを採掘するための用途で使われている。この先、CO2の回収サイクルが始まると、その際に油井管のような高級鋼材が必要になってくる可能性がある。

一方、CO2の排出を抑えるためには日本全体が再生可能エネルギーにシフトしなければならない。ただ、再エネは（エネルギー供給量が）かなり変動する。（電力供給の安定化を図るためには）社会がエネルギーの調整力を持たなければいけない。

そういった意味で、北海道千歳市で取り組むような蓄電所事業の展開を強化する価値はある（千歳市に大型蓄電所を建設、23年夏に稼働）。その際には、コスト競争力が大事。

どういう手法が採算的によくて、かつ社会が求める効率性、安定性の提供もできるかを見極めていかないといけない。

住商の特徴は「住友」

――兵頭社長の考える「住友商事らしさ」とは?

(脱炭素化など)産業界全体の向いている方向が同じだとしても、人に個性があるように会社にもそれぞれの特徴がある。住友商事の特徴は「住友」ということ。これまで(「自利利他公私一如」など)住友グループの事業精神に基づいてお客さんと契約を交わし、問題が起きたときでもしっかりと対処してきた。「住友商事の特徴は何ですか」と問われたら、そのときは「住友です」と答えている。

――国内市場の可能性については、どうみていますか?

国内市場の可能性は、むちゃくちゃある。CO2の排出を抑える再エネへのシフトと同時に、炭素のリサイクルを実現できる新しいエネルギーシステムを構築しないといけない。

メディア・デジタル事業については、ジェイコムは大切なケーブルテレビのサービスに加えて、エネルギー供給やほかのメディアとの連携も強化していく必要がある。

――時価総額では5番手です。現在の株価水準（3月10日終値2418円）をどう評価していますか？

ＰＢＲ（株価純資産倍率）は1倍割れが続いている。これはダメだと思う。企業の解散価値より株価が低いというのは、経営者としては「これでいいよね」とはとても言えない。もっと市場から評価していただけるように、構造改革を続けていかないといけない。

（聞き手・森 創一郎、梅咲恵司）

兵頭誠之（ひょうどう・まさゆき）
１９８４年京都大学大学院工学研究科修了、住友商事入社。電力部門に長く在籍。２０１６年常務執行役員環境・インフラ事業部門長。１８年社長・ＣＥＯ（最高経営責任者）。

丸紅が本気で挑むオンデマンド交通革命

丸紅は人口減少が進む地方で、交通の課題解決に向けた取り組みに力を入れている。足元では、人口減少やドライバー不足で地域の路線バスの減便が相次ぎ、住民の生活維持が困難になっている。丸紅の柿木真澄社長は「地方都市では過疎化でバス運行が難しくなるなど、モビリティーの問題が表面化している。自動運転システムの導入など、商社の持つ知見を生かした取り組みを加速させなければならない」と話す。

丸紅は2022年10月から北海道石狩市で、北海道中央バスや地元のタクシー会社と連携して、AI（人工知能）アプリを活用したオンデマンド交通の実証実験を始めた。オンデマンド交通とは、予約があったときのみ運行する公共交通のことだ。

「オンデマンド交通が浸透すれば（定時バスに比べ）交通量が減り、脱炭素化につながる。運行の効率化でドライバー不足の解消にもなる」とプロジェクトを担当する丸紅の産業システム・モビリティ事業部の佐倉谷誠課長は語る。

石狩市オンデマンド交通実証の仕組み
―アプリが市民と交通機関をつなぐ―

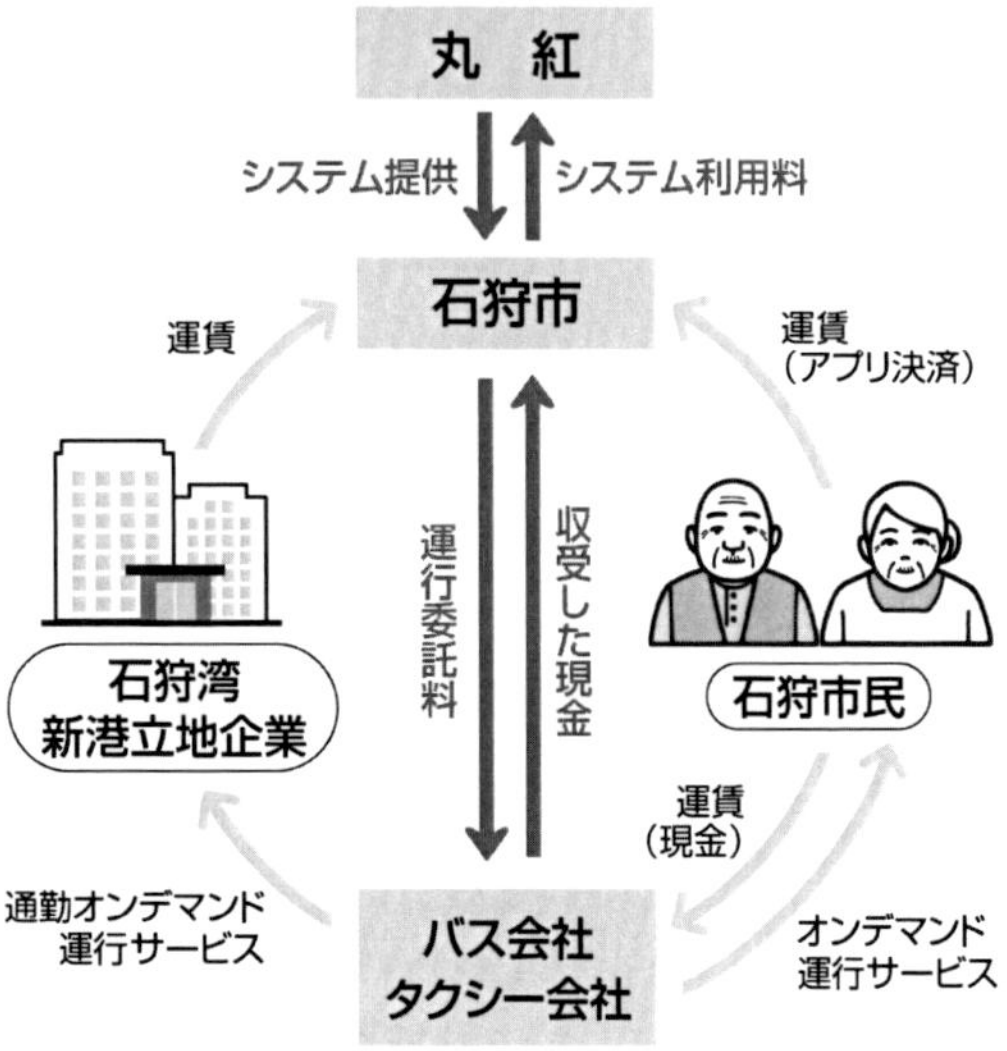

(出所)丸紅資料を基に東洋経済作成

AIが最短ルートを判断

アプリは、業務提携している経路検索アプリ開発のムーヴィット・アップ・グローバル（イスラエル）が開発した。イスラエルでは環境負荷の問題から通勤におけるマイカーから公共交通への移行が促されている。これは石狩市が抱える課題と似ているという。

実証実験が行われている石狩湾新港の工業団地では、隣接する札幌市の2つの地下鉄駅から新港地域の工場や物流倉庫などの拠点まで、北海道中央バスの2台のバスが通勤客を運ぶ。アプリを通して事前予約を受け付け、運行エリアの中で最短ルートをAIが判断して移動する。石狩市と契約した企業の社員が利用できる。運賃は企業が石狩市に支払い、市から運行委託料がバス会社に支払われる。

石狩市はバスだけでなく、オンデマンドタクシーの実証実験もしている。地元のタクシー会社がジャンボタクシー2台を運行して市内特定地域のバス停やコンビニ、スーパー、郵便局などを結ぶ。乗客がアプリで利用したい時間を指定し、タクシーが近づいたと通知が来たら乗り場に出向いて相乗りする。高齢者向けにコールセンターでも予約を受け付ける。

データに基づいて最も効率のよいルートをＡＩが割り出し、運転手はＡＩの指示で走行する。

石狩市企画経済部の上窪健一交通担当課長は「石狩市でも人口減少は避けられない。公共交通（路線バス）の維持も困難になっていく中でオンデマンド交通はこうした課題解決のカギになる」と話す。

ただ、オンデマンドのバスやタクシーの利用者は1日平均数人。地域社会ではマイカーでの移動が定着しているからだ。

乗客がある程度見込まれる地域であっても、地元のバス会社の乗客を奪わないようオンデマンドタクシーの事業範囲は慎重に設定される。既存の交通事業者とは絶妙な間合いを取ってサービスを展開していく必要がある。

「オンデマンド交通を一度利用した乗客の9割は2度目、3度目と利用を重ねている。乗ってみれば便利さを実感してもらえると、手応えを感じている。地道に宣伝してい

きたい」（上窪課長）

公共交通事業は行政の補助金を前提とする事業で、高い収益は期待できない。丸紅は石狩市のモデルを全国展開して収益化を図るが、さらに新たな付加価値を加えていく構想を練っている。

交通過疎、人手不足、環境負荷の問題は都市部を含め全国で共通している。丸紅は国内事業の中でも、とくにビジネスチャンスが見込まれる分野として、モビリティーを注視している。

丸紅は２０１８年に自動運転配送技術を持つ米スタートアップのユデルブに出資。２１年には前出のムーヴィットのほか、自動運転技術開発スタートアップのモービルアイ・ヴィジョン・テクノロジーズ（イスラエル）とも業務提携を結んだ。さらにＥＶ（電気自動車）ベンチャーのフォロフライ（京都市）に出資し、配送用のＥＶバンやトラックの販売、リース、充電管理オペレーションを手がける。

「フォロフライの車両はファブレス生産で企画・設計され、われわれの要望に合わせて車を造ることができる。バスについても検討していて、地域のオンデマンド交通でもそれを活用したい」と佐倉谷課長は述べる。

丸紅のモビリティー部隊は、こうした企業群が持つ技術を過疎地域のオンデマンド交通で結集させ、地域交通が抱える課題を一気に解決する構想を描く。

柿木社長は「日本の自動運転はまだ黎明期でコストなどの課題はあるが、チャンスもたくさんある。ドライバー不足も深刻だ。モビリティーの自動化、海外人材の活用など、きりがないほど新しいビジネス機会が出現する」と強調する。

ピンチをチャンスにつなげられるか、丸紅の手腕が試される。


（森　創一郎）

明治産業を完全子会社化

丸紅「ヨーグレット」取得の焦点

これも国内市場拡大の一環か。丸紅は3月3日、ガム事業からの撤退など事業再編を進める明治から子会社の明治産業（長野県須坂市）の全株式を取得すると発表した。株式が譲渡される5月に、明治産業が明治から生産を受託しているラムネ菓子「ヨーグレット」「ハイレモン」などの商標権も取得。明治産業は6月に社名を変更するが、ヨーグレットなどの商品名は変更しない。

市場規模1兆7000億円といわれる流通菓子業界で、10年前に1000億円以上あったガム市場は今では500億円程度。一方、40年ほど前に登場したグミの市場は伸びており、今や600億円程度にまで成長している。こうした中、明治はグミなどに経営資源を集中させる方針だ。

写真：丸紅

1979年発売のヨーグレットはラムネ菓子の定番商品

他方、傘下に菓子卸大手・山星屋を持つ丸紅は今後、大手菓子メーカーからの受託生産に加え、山星屋の企画商品や明治産業のオリジナル商品の開発にも力を入れていくという。

総合商社が持つネットワークと資本力で人手不足に悩む工場を増強、効率化。同時に、ヨーグレット、ハイレモンのグミ版を拡販し、また「パチパチパニック」のような高付加価値の商品を新たに開発していく算段だ。

「人口減少とともにお菓子の販売量は減っていくが、付加価値のある商品はまだまだ伸びていく」と、丸紅食品事業部の伊藤大輔部長。「海外販売も視野に現在38億円（2022年3月期）ほどの（明治産業の）売り上げを数年で倍増させたい」（伊藤部長）という。

商社の中でも「食」に強い丸紅の面目躍如となるか。

（森　創一郎）

「モビリティービジネスで日本の課題を克服する」

丸紅　社長・柿木真澄

空前の好決算をたたき出す三菱商事や三井物産と同様に、丸紅も資源高の追い風を受けている。2023年3月期は過去最高純利益を超過する見通しだ。

丸紅は2022年10月に、過去に何度も減損損失を計上し経営上の「問題児」となっていた米穀物大手のガビロンを売却。今後は得意の電力や食料事業を中心に「攻め」の姿勢を強めるのか。柿木真澄社長を直撃した。

――足元の業績は好調です。その要因をどう分析していますか?

資源価格が噴いた（高騰した）ということで、その追い風を受けて、われわれの資源ビジネスも数字が出せた。私が社長になった2019年に不採算事業の減損処理をし、入り口を低く構えることができた（経営体質を改善できた）ので、昨今のいわゆる資源ブームに乗ることができて、それなりの数字を出せたのだと思う。非資源分野でも米国の内需を中心とした農業、食品、そして自動車関連の販売金融がいい数字を出せた。

この先も、それぞれの地域に根差している需要をつかんだビジネスをきちんと展開できていれば、多少世の中の価格がぶれようが食いっぱぐれることはない（利益を出せないことはない）。好況であろうと不況であろうと農業は重要だし、食品類にしても人は食べないと生きていけない。米国の場合、自動車がないと仕事にもショッピングにも行けないので、自動車関連事業もエッセンシャル（必要不可欠な）ビジネスとみている。

――米国は23年度に景気が後退する懸念があります。

いまだに米国の景気はそんなに悪くなっていない、というのが実感。とくに雇用関連は非常にいい。これには米国人の気質がある。日本人に比べてお金を回す習慣がある。お金があったら使ってみる。それに比べて、日本人は慎重。余分なお金ができたら、何かのときのために貯蓄に回す。日本は米国に比べたら、お金がスムーズにいい回転で回らない。

個人もそうだが企業もそうだと思う。企業には、積み上げた利益を新しい投資にどんどん振り分けていくという姿勢がここ10~20年ほど欠けていたのではないか。

ガビロン売却が節目に

――ガビロンの穀物事業を売却しました。

大きな節目になった。ガビロンの経営は想定どおりに進まなかった。取引量が増えると市場リスクが高くなり、われわれが考えていたマージンを上げられなかった。

そういった状況の中で、カナダの穀物大手バイテラがガビロンの買収を打診してきた。いいネゴ（交渉）ができて、すばらしいディールができた。ガビロンの穀物事業は売ったが、肥料事業などは残していて、丸紅のグループ会社を通じてビジネスも継続している。100点満点だ。

――秋田県秋田港および能代港での洋上風力事業が稼働しました。

再生可能エネルギーは積極的に手がけていきたい。ただ、この事業は相当な資産を使って（投資をして）展開するビジネスで、しかも公共事業に近い。ここでむちゃくちゃ儲けたりすると問題を引き起こしかねないこともあり、投資効率としてはそんなにいいものではない。秋田2港のプロジェクトについては、薄いマージンでも規模を大きくできれば収益的に問題ないと判断した。そのあたりはきちんとコントロールしていく。

再エネは丸紅の看板の1つ。洋上風力だけではなく、小粒だがバイオマスも展開している。中小規模ながら石炭火力も持っている。石炭火力はアンモニアなどの使用を含めて低炭素化を図っていかないといけない。それによって将来的に、大型石炭火力のCO2の排出を少なくするビジネスにつなげていけるかもしれない。

――米国でのビジネスが大きいですが国内市場も注視している？

私は社長に就任したときからそう思っていた（国内市場に可能性があるとみていた）。「国内はサチュレート（飽和）している市場なのか」と検証してみると、意外とそうでもない。日本はＧＤＰ（国内総生産）については、今や世界4位か5位に落ちそうな国であり、人口も減少傾向にあるとはいえ、それでも人口約1億２０００万人をキープしている。この国での需要がないわけがない。日本のビジネスは宝の山なんじゃないのかな。

ところが、海外では国とか地域ごとに統括や総代表などを置いて、全体を俯瞰しているのに、日本は各営業部門が俯瞰どころか狭い目で見ていて、管轄外のビジネスについてお客さんから問われると、「それは担当じゃないのでよくわかりません」と軽く流していた。（これではいけないと）国内統括をつくって日本市場を深掘りしようとし始めたのが、今から3年前だ。

――国内ではモビリティー事業の育成を急いでいます。

この先、日本ではモビリティー問題が、とくに地方都市で持ち上がってくる。地方都市では過疎化を受けてバス会社がバスを運行するのも難しくなってくる。バスは確保したものの運転手がいない、といった人手不足も起こりうる。そういったことを解消できる自動運転システムとして、病院とか地元のスーパーとか、だいたい同じルートを回る仕組みならば確立できるのではないか。

（取引先である）イスラエルの会社を訪問したときに、自動運転の車に1時間ほど乗った。自動運転レベル4のものだ。「このシステムならば日本に導入すれば、大きな交通事故がなくなるのではないか」と思ったぐらい、すばらしいシステムだった。このシステムを日本でもどんどん展開していこうよ、と周囲には言っている。コストの問題など課題はあるが、ビジネスチャンスはたくさんある。

都心部においても、ラストワンマイルの配送にどう対応していくのかという問題が必ず出てくるだろう。ECが発達するので、配送量はどんどん増える。となると、きりがないほど、新しいビジネス機会が出現する可能性もある。

日本は先進国ながら、人口問題に直面している。いま間違った方向に進めば、あっという間に世界から取り残される国になりかねない。逆に、モデルケースとなれば、日本が再び勢いづく可能性はある。日本は現在、重要な「分岐点」に近づいているのではないかと考えている。

（聞き手・森　創一郎、梅咲恵司）

柿木真澄（かきのき・ますみ）
1957年生まれ。80年東京大学法学部卒業、丸紅入社。電力部門に配属され、中東の大規模火力発電所を開拓。電力・プラントグループCEOを経て、2019年から社長。

商社の投資が次世代産業をつくる

商社マネーが集まる新ビジネス。「金脈」の最前線を追った。

空飛ぶクルマに　丸紅などが熱視線

ＳＦ映画にもしばしば登場する夢の技術が、実用化に向けての動きを本格化している。

２０２５年に大阪で開催される日本国際博覧会を起点に「空飛ぶクルマ」の商用化の実現を見据えて、実証プロジェクトが次々に立ち上げられている。数多くのビジネスを展開する総合商社も新しい「金脈」を狙って、相次いでプロジェクトに名乗りを上げる。

丸紅は22年12月に、南海電気鉄道などとともに空飛ぶクルマを疑似体験できるツアーを実施した。大阪ヘリポートから和歌山・那智勝浦町の中ノ島までヘリコプターで往復するツアーで、現地の旅館に宿泊し、料金は1泊2日で8万9000円。通常、料金のうち空飛ぶクルマに見立てたヘリコプターの費用（往復）は約4万円だ。ヘリコプターで同じ距離を飛べば約34万円の料金になる。

空飛ぶクルマは「eVTOL」（Electric Vertical Take-Off and Landing aircraft）ともいわれ、人を乗せ、垂直に離着陸する電動の機体を指す。翼が付いたタイプのもの、複数のローター（回転翼）で飛ぶものがあるが、パイロットや客が乗らないドローンと違い、どちらも法的には航空機に該当する。

欧米では10年ごろから開発が始まった。日本では2018年に国土交通省と経済産業省が立ち上げた「空の移動革命に向けた官民協議会」を中心に、実現に向けた議論を重ねてきた。電気で動く空飛ぶクルマは、複雑なエンジンを持つヘリコプターより部品が少なく軽い。現在はパイロットが操ることが前提だが、将来は遠隔操縦や自動運転も視野に入る。

これまで航空機メーカーの代理店として、旅客機やヘリコプターなどの機材、部品を扱ってきた総合商社。今後は航空業界やその周辺産業のネットワークを最大限活用して、空飛ぶクルマの販売を手がけようとしている。さらに、総合商社は陸上施設の開発から充電設備の整備、データ連携、保険、金融に至るまで、幅広い関連ビジネスに目を向ける。

丸紅は商用化の際の機材として英バーティカル・エアロスペース社が開発する「VX4」の国内導入を視野に入れる。VX4の航続距離は161キロメートル、最高時速は325キロメートル時に及ぶ。パイロット1人を含め5人乗りで、垂直離陸した後、前方のプロペラ（離陸時は水平になっている）が前に傾いて水平飛行する「ティルトローター式」を採用する。

VX4の商用化は25年の予定だ。「空港から都市部までのシャトル便への活用、中長距離での観光利用を想定している。30年ごろには都市内でエアタクシー（少人数の乗り合い飛行機）のような形態も展開できるかもしれない」と丸紅の航空宇宙・

防衛事業部・吉川祐一課長は期待する。

丸紅は、より小型の米リフト・エアクラフト社の「ＨＥＸＡ」で２０２３年3月にパイロットが乗り込む日本初のｅＶＴＯＬ実証フライトを大阪城公園内で実施した。

米ボーイング社の総代理店として航空業界との太いパイプを築いてきた双日は、「安全を優先した思想がわれわれの思考と合致した」（双日の航空産業・交通プロジェクト本部・作村昌洋氏）という米ベータ・テクノロジーズ社へ出資し、同社の「ＡＬＩＡ－２５０」を活用して国内市場を開拓する。

ＡＬＩＡ－２５０は航続距離が約５００キロメートル（東京－大阪間程度）と長く、積載量も約６３５キログラムと大きい。双日はまず貨物輸送のニーズから探っていくという。

作村氏は、「航続距離の長さを生かし、日本でも長距離トラックの代替ができる。高付加価値の荷物を高速で輸送することにも適している」と話す。２４年ごろには飛行に必要な型式証明を取得し、２０年代中頃の国内運航を目指す。

期待が寄せられる空飛ぶクルマだが、商用化にはインフラ構築が課題として立ちはだかる。国交省は空飛ぶクルマの離着陸場設置のための基準を策定する方向で、既存ヘリポートや場外離着陸場のほか、ビル屋上の緊急離着陸場の活用などに必要な条件を検討中だ。

機体の安全性や操縦性に疑問を呈する専門家も少なくない。「(国が提唱している)2025年をメドとする空飛ぶクルマの商用化は拙速」と警鐘を鳴らすのは、日本航空の元パイロットで航空評論家の杉江弘氏だ。「既存の航空機並みの安全対策装備をすれば重量もコストも増える。軽量で誰もが安価に気軽に乗れる機体を実現するのは、非常に難しい」と同氏は指摘する。

空飛ぶクルマが身近な乗り物になるためには、国や企業が安全性への懸念に向き合い、「絶対安全」に向けた取り組みを積極的に発信していく必要がある。

双日が出資する米ベータ・テクノロジーズ社の「ALIA-250」

丸紅は「VX4」の国内導入を視野に入れる

三菱商事、三井物産が狙う倉庫ロボの金脈

しゃれた家具をしつらえ、アットホームな雰囲気のある「ガウシー（Gaussy）」のオフィス（東京・港区）では、社員が丸テーブルを囲んで活発に議論を重ねていた。

ガウシーは倉庫ロボットサービスを主力とする物流DXのベンチャーだ。もともとは三菱商事の物流開発部が2018年ごろから新規事業として進めていた、倉庫ロボットのサブスクリプション事業や余剰スペースのシェアリング事業だった。

三菱商事はその両事業を独立させる形で、ガウシーを2022年1月に設立。大手物流施設デベロッパーのプロロジスや三井不動産などからも出資を受けて、同年7月から本格始動した。三菱商事が50％超の株式を持ち、経営権を握る。

三菱商事での新規事業としての立ち上げ期から関わり、現在ガウシーの社長を務める中村遼太郎氏は、「物流業界は硬いといわれるが、われわれはそれを柔らかくしていく」と話す。

市場規模が7兆円ともいわれる国内倉庫業界。だが、中村氏が「硬い」と表現する

ように、ノウハウを持つ人材が特定の個人に偏る、古いシステムを使い続けているといった前時代的な業界体質が足かせとなり、環境変化の速さに対応できない場面が増えている。人手不足も深刻化するばかりだ。

その一方で、ＥＣ（ネット通販）市場の拡大を受け、トラックなど物流輸送の多頻度化、多経路化が加速している。今、倉庫作業の省力化・自動化は待ったなしの状況だ。ただ、倉庫業を営む企業の9割が中小企業。自動化のためにベルトコンベヤーやソーター（仕分け装置）などのマテハン設備を大々的に導入するには限界がある。

ガウシーはここに「金脈」があると目をつけた。小型ロボットを月額制のサブスクで、繁閑に応じてレンタルできれば、大きな資金負担がなくかつ効率的なため、倉庫業界に浸透する可能性がある。

ガウシーが提供するロボットの1つ、棚搬送型ロボットは、オーダーに合わせてロボットが棚ごと運んでくる。注文ごとにいちいち人が商品を棚まで取りに行っていた作業は軽減され、作業員が重い荷物を抱えて倉庫内を走り回る必要もなくなる。

ロボットを動かすソフトウェア導入費用なども含め、棚搬送型ロボットは1台につき月額15万円（51〜100台使用の場合）からという料金設定だ。現在20拠点以上でロボットが稼働しているが、23年度中に導入拠点倍増を目指す。

倉庫ロボット事業を将来の収益源と見据える総合商社は、三菱商事だけではない。「われわれはロボットの販売会社ではなく、サービスカンパニーだ。顧客の物流事業の高度化に対応していく」。

倉庫ロボットのサブスク事業を展開するプラスオートメーションで社長を務める山田章吾氏は言葉に力を込める。

プラスオートメーションは19年に三井物産が物流施設デベロッパーの日本GLPと共同出資で立ち上げた。後に、フォークリフトの販売網を持つ豊田自動織機も資本参加しているが、三井物産が50％超の株式を握る。

東京・品川区にあったプラスオートメーションのR&D（研究開発）施設では、掃除ロボットのような黄色いロボットがせわしなく台の上を走行していた（現在は江東区に移転）。荷物に貼られたバーコードを作業員が機械に読み取らせてから、ロボットに荷物を載せていく。荷物はバーコードの情報に従って配送先ごとに仕分けされ、次々に箱に投入されていた。

プラスオートメーションのサービスの強みは、小型ロボットを安価かつ使い勝手のよい形で提供できることだ。企業は中国から仕入れたロボットを5台で月額30万円、契約期間3カ月という単位からレンタルすることができる。契約期間内に、繁閑に応じてロボットのレンタル台数を調整することも可能だ。システムの構築などは最短1カ月、現場でのセットアップは1日で完了するケースもある。

「日本では大型の物流施設も増えたが、縦型の倉庫が圧倒的に多い。各階で商品をピッキングして、最後は必ず1階で荷合わせ（荷物を出荷方面別に集める作業）をする。荷合わせ作業の自動化へのニーズは非常に大きい」と、山田氏は語る。

物流システムの標準化が実現し、どんな企業でもロボットを簡単に導入できるようになったとき、物流DXの市場は大きく広がることになる。各商社が進める倉庫ロボット事業は、現時点では小粒であるものの、将来は各社の大きな収益源になる可能性を秘めている。

三井物産が出資するプラスオートメーションの旧R&D施設(上)。三菱商事が手がけるガウシーの棚搬送型ロボット「Ranger GTP」(下)

素材リサイクルで新市場開拓

伊藤忠商事が、祖業である繊維事業で環境素材の浸透に本腰を入れている。23年1月、伊藤忠はリサイクル・リユース事業を手がけるベンチャー企業のエコミット（鹿児島・薩摩川内市）への出資を発表した。出資比率は20％未満。社会問題化している国内アパレルの廃棄問題の解決に、一段と力を入れる格好だ。

エコミットは川野輝之社長が2007年に創業し、建設機械や家具・家電などのリサイクル、リユースを展開する。回収物の種類や重量、回収ルートなどをデータ化し、CO_2（二酸化炭素）の排出量を可視化するシステムを開発している。

伊藤忠は22年3月にエコミットと業務提携して、国内で回収した衣服をリサイクルポリエステル素材「RENU（レニュー）」として再生し、販売してきた。今回の出資で連携を深め、RENUの事業拡大を加速させる。

流行の衣服を低価格で提供する「ファストファッション」の広がりの裏で、大量廃棄が問題化しているのがアパレル業界だ。国連貿易開発会議（UNCTAD）が、アパレル産業を石油に次ぐ環境汚染産業と指弾したのは19年のこと。

環境省が国内の衣服供給量を基に試算したところ、原料調達から製造段階までに年間9万キロトンのCO2が排出され、83億立方メートルの水が消費されていることが判明した。1着当たりに換算するとCO2排出は500ミリリットルのペットボトル255本を製造する際の排出量と同等となり、水の消費は浴槽11杯分になる。

「アパレル産業は川上から川下まで工程が多く、水の使用量も増える。その割に廃棄も多く、環境負荷が大きい。われわれのリサイクル原料を普及させることが、世界の廃棄衣料問題の解決への一歩と考えている」と、伊藤忠の繊維カンパニー繊維原料課・下田祥朗課長は話す。

この大量廃棄問題に一石を投じようと伊藤忠がリサイクルポリエステル事業に乗り出したのは、19年にさかのぼる。

もともと帝人などが立ち上げた中国・紹興市の合弁工場でリサイクルポリエステルが製造されていたが、伊藤忠はこの素材に目をつけRENUとしてブランド化した。

RENUは中国国内で不要になった衣類や生産時に出る端切れ布（残反、裁断くず）を破砕して分解、再生した環境素材だ。この素材を使ってファミリーマートのダウンジャケットなどが製造されており、今では100以上の企業、ブランドに浸透している。

その後、伊藤忠がエコミットとの提携に乗り出す決め手となったのが、エコミットのトレースシステムだ。

店舗ごとの回収重量や回収経路、衣服の種類などを登録し、どこからどのような服がどれだけ、どのような経路をたどってきたか、その際のCO2排出がどれくらいなのかが、独自に開発したシステムで確認できる。「このシステムを使って回収から再生までトレースがしっかりできることで、CO2削減を含めたブランドごとの再生ストーリーを描ける」と、伊藤忠の下田氏は言う。

繊維を祖業とする伊藤忠は、独立した繊維カンパニーを持つ唯一の総合商社だ。ただ、カンパニーとしては23年3月期の予想純利益は260億円と、全社予想純利益8000億円の約3％を占めるにすぎない。伊藤忠は繊維カンパニーについて、スポーツ分野のブランドビジネス拡大などで来期以降の純利益300億円を目指す。

伊藤忠の素材ビジネスもまた、事業としてはまだまだ小粒だ。だが、社会問題解決の一翼を担うために、世界中の顧客が求める環境素材を提供することで、新しいバリューチェーン（価値連鎖）を築く意気込みだ。

（森　創一郎）

インドで黒子役に徹する物産マン

三井物産がTOTOインド子会社へ8・5億円の出資を決めたのは2012年（出資比率30％）。TOTOインディアの副社長である中島卓也氏は、三井物産から派遣された。「協働事業者として一緒になって事業を大きくしていきたいという三井物産の意思の表れ」。中島氏は自らの派遣の意味をそう語る。

130年にわたってインドに拠点を構えてきた三井物産には、TOTOと連携して中国で商品を販売してきた歴史がある。強みを持つインフラ、物流、化学などの事業を成長著しい同国で伸ばしていく算段だ。

三井物産では住宅資材部門を歩んできた中島氏。豊富な海外経験も生かしながら、インドでは財務などの管理部門を担当している。インドは税法を含め法律が頻繁に変わる。「（税法などの）情報を集めて、どう判断すべきなのかアドバイスをしていくことが私の役目」（中島氏）。

プロジェクトによっては三井物産の現地人脈からキーパーソンを紹介し、突破口を開くこともある。ただ、インドではトイレにお金をかける習慣がまだない。地元企業の低廉な商品が普及する中、ウォシュレット付きの高級トイレで市場に風穴を開けようとTOTOインディアの戦いが続く。「TOTOはどの地域でもナンバーワンになるとの気概で事業に取り組んでいる。われわれも一丸となって仕事をしている」（中島氏）。

中島氏の奮闘は、商社がカネを出すだけでなくヒトも派遣することで出資会社と事業を拡大させていく姿勢を映し出している。


（森　創一郎）

〔エピローグ〕事業投資で日本に活力を

総合商社が向かう次世代

住友商事が入る東京・大手町のオフィスビル24階で、新しい事業が産声を上げようとしている。メディア事業本部に所属する入社7年目の瀬戸峻平さんら若手3人が立ち上げる知的財産のマッチングプラットフォーム「キャラタロウ」だ。

日本のアニメは四半期ごとに40～50本がテレビ放映されている。一般には知られていなくても、一定層に絶大な人気を誇るアニメもある。瀬戸さんはこうしたアニメキャラクターの商品化を企業に提案する仕事をしているが、企業側のスケジュールやターゲットと合致しなければ見向きもされない。

一方、繊維部門に所属していた瀬戸さんと同期の社員は、商品でキャラクターを利用する側の立場から、適切な時期と条件でキャラクターライセンスを提供してもらえるライセンス保有者になかなか出会えないという課題を抱えていた。

2022年夏に2人はデジタル部門の先輩を巻き込んで、社内起業制度「ゼロワンチャレンジ」への応募を思い立つ。3人はデジタルプラットフォーム上でキャラクターのライセンス保有者と使用者が条件を検索しマッチングするサービスを「キャラタロウ」として結実させた。

「人脈が頼りだったキャラクター商品化をデジタルで変え、ビジネスの機会を増やしていきたい」と瀬戸さんは抱負を語る。

所属部門の異なる3人の社員の知見が融合し、新しいビジネスに結実する。住友商事では社内起業制度でニッチなビジネスを掘り起こすと同時に、量子コンピューターや核融合など、世界を根底から変える可能性のある息の長いビジネスにも投資している。

特殊なコングロマリット

アメーバのように次々に事業領域を広げていく総合商社の業態を一言で説明するのは難しい。

「トレードを軸にしながら、バリューチェーン（価値連鎖）を築き、付加価値をつけていく。ビジネスの種になる情報を得て持ち分を増やし事業運営もしていく。その過程で投資をリサイクルしていく。非常に特殊なコングロマリット（複合企業体）」

総合商社の経営に詳しい専修大学の田中隆之経済学部長は話す。

次の図は、田中氏の分析をベースに、5大商社の「営業利益」と「受取配当金＋持ち分法投資損益」、また両者の合計に対する後者の比率をグラフ化したものだ。

総合商社は事業投資会社化している

—営業利益と受取配当金・持ち分法投資損益の推移—

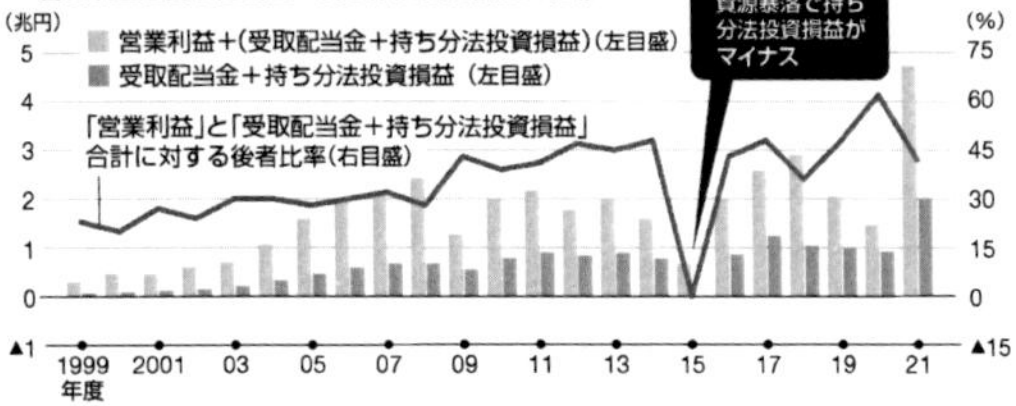

(注)各年度、5社(三菱商事、三井物産、伊藤忠商事、住友商事、丸紅)合計の連結営業利益。営業利益を発表していない社は田中隆之氏推計。2016年度からは東洋経済推計。15年度は(受取配当金＋持ち分法投資損益)がマイナス。▲はマイナス　(出所)田中隆之著『総合商社』図表を基に東洋経済作成

2015年度の資源市況暴落による影響を除けば、この比率はほぼ右肩上がりだ。各社は一貫して事業投資の成果を享受し、成長を続けてきたといえる。

ただ、「キャラタロウ」や量子コンピューターのような価値連鎖を狙った新規ビジネスは、数字では見えにくい。そのため、多角化企業の市場評価が落ちるコングロマリットディスカウントがついて回り、総合商社株は「万年割安」になる。

伊藤忠商事の岡藤正広会長は「総合商社は収益を上げて、株主還元も積極化し、優秀な人材が集まってくる。なぜ、今まで株価が低かったのか」といぶかる。

2020年には著名投資家のウォーレン・バフェット氏が5大商社株の保有を発表、22年11月には買い増しも明らかになった。商社株の評価にも変化が起きつつある。

そして今、総合商社の「次の一手」として、目立ってきたのが国内投資だ。三菱商事の洋上風力発電事業を起点とする地域創生の試みはその典型だ。

円安で海外資産が相対的に高くなり、地政学リスクがかつてないほど高まる中、総合商社は改めて国内市場を注視する。たとえそれが海外リスクが高まる中での「消極的」な選択であったとしても、国内への投資が増えることは、日本にとってチャンスだ。歴史をひもとけば、総合商社は戦前から造船、ビール醸造、セメント、エンジン製造などありとあらゆる日本の産業に投資し、事業を育んだ。

将来、三菱商事のＤＸプラットフォームが人口減少に悩む地域の救世主になるかもしれない。丸紅のオンデマンド交通が、日本の標準的な交通モデルになるかもしれない。商社の事業投資で日本に活力が生まれれば、さらにビジネスチャンスも広がっていくだろう。

商社の国内投資による成長戦略に懐疑的な市場関係者は少なくない。日本は賃金が上がらず消費者の財布のひもは依然、固い。商社の業績を底上げしている資源高は商品価格やエネルギーコストの増加という形で跳ね返り、国内企業の収益を圧迫している。こうした背景から、野村証券の成田康浩アナリストは「国内では商社の成長が見込める投資先は必ずしも多くない」と、冷静にみる。

だが、ある商社幹部は「エネルギーでも食料でも海外事業に多くの投資をしてきたが、お客のほとんどが日本の企業であり消費者だ。その意味では収益の源泉のほとんどが国内にある」と言う。
三菱商事の中西勝也社長は国内投資について、経済価値だけでなく、社会価値、環境価値も含めた「三価値同時実現」を強調する。どのように事業環境が変化しても、総合商社の収益基盤が日本にある以上、国内市場と向き合い続けることに変わりはない。
空前の好決算に沸く総合商社が国内でどのようなビジネスを花開かせるのか。それは、総合商社が形を変えて次世代に生き残るための知恵ともいえる。

（森　創一郎）

【週刊東洋経済】

本書は、東洋経済新報社『週刊東洋経済』2023年3月25日号より抜粋、加筆修正のうえ制作しています。この記事が完全収録された底本をはじめ、雑誌バックナンバーは小社ホームページからもお求めいただけます。

小社では、『週刊東洋経済eビジネス新書』シリーズをはじめ、このほかにも多数の電子書籍ラインナップをそろえております。ぜひストアにて「東洋経済」で検索してみてください。

『週刊東洋経済eビジネス新書』シリーズ

No.429　人口減サバイバル
No.430　自衛隊は日本を守れるか
No.431　教員不足の深層
No.432　ニッポンのSDGs&ESG

No.433　独走トヨタ　迫る試練
No.434　変わる相続・贈与の節税
No.435　東芝の末路
No.436　食糧危機は終わらない
No.437　ゼネコン　両利きの経営
No.438　すごいベンチャー2022〔前編〕
No.439　すごいベンチャー2022〔後編〕
No.440　宗教　カネと政治
No.441　岐路に立つ鉄道
No.442　学び直し全ガイド
No.443　米中　大動乱
No.444　高揚するコンサル　したたかな弁護士
No.445　半導体　復活の足音
No.446　氾濫するPR

No.447　総孤独社会
No.448　認知症　全対策
No.449　武器としての名著
No.450　世界と日本の焦点　２０２３
No.451　マンション　熱狂と盲点
No.452　日銀　宴の終焉
No.453　ＮＨＫ　受信料ビジネスの正体
No.454　大増税時代の渡り方
No.455　背水のホンダ
No.456　エネルギー危機と脱炭素
No.457　失敗しないＤＸ
No.458　ニッポンの給料

週刊東洋経済eビジネス新書　No.459
シン・総合商社

【本誌（底本）】
編集局　森　創一郎、梅咲恵司、秦　卓弥
デザイン　藤本麻衣、熊谷直美、松田理絵
進行管理　下村　恵
発行日　2023年3月25日

【電子版】
編集制作　塚田由紀夫、長谷川　隆
デザイン　大村善久
表紙写真　三菱商事（提供）
制作協力　丸井工文社

発行日　2024年8月15日　Ver.1

発行所　〒103-8345
東京都中央区日本橋本石町1-2-1
東洋経済新報社
電話　東洋経済カスタマーセンター
03（6386）1040
https://toyokeizai.net/

発行人　田北浩章

電子書籍化に際しては、仕様上の都合などにより適宜編集を加えています。登場人物に関する情報、価格、為替レートなどは、特に記載のない限り底本編集当時のものです。一部の漢字を簡易慣用字体やかなで表記している場合があります。本書は縦書きでレイアウトしています。ご覧になる機種により表示に差が生じることがあります。

本書に掲載している記事、写真、図表、データ等は、著作権法や不正競争防止法をはじめとする各種法律で保護されています。当社の許諾を得ることなく、本誌の全部または一部を、複製、翻案、公衆送信する等の利用はできません。

もしこれらに違反した場合、たとえそれが軽微な利用であったとしても、当社の利益を不当に害する行為として損害賠償その他の法的措置を講ずることがありますのでご注意ください。本誌の利用をご希望の場合は、事前に当社（TEL：03-6386-1040もしくは当社ホームページの「転載申請入力フォーム」）までお問い合わせください。

※本刊行物は、電子書籍版に基づいてプリントオンデマンド版として作成されたものです。